领导干部
履职核心能力建设书系

领导干部
群众工作能力建设

薛伟江◎著

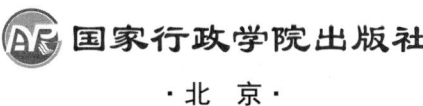

国家行政学院出版社

·北 京·

图书在版编目（CIP）数据

领导干部群众工作能力建设 / 薛伟江著 . — 北京：
国家行政学院出版社，2023.1

（领导干部履职核心能力建设书系 / 时和兴主编）

ISBN 978-7-5150-2716-6

Ⅰ.①领… Ⅱ.①薛… Ⅲ.①领导人员—群众工作—
中国—干部教育—学习参考资料 Ⅳ.① D64

中国版本图书馆 CIP 数据核字（2022）第 207208 号

书　　名	领导干部群众工作能力建设
	LINGDAO GANBU QUNZHONG GONGZUO NENGLI JIANSHE
作　　者	薛伟江　著
统筹策划	刘韫劼
责任编辑	陈　科
出版发行	国家行政学院出版社
	（北京市海淀区长春桥路 6 号　　100089）
综 合 办	（010）68928887
发 行 部	（010）68928866
经　　销	新华书店
印　　刷	北京盛通印刷股份有限公司
版　　次	2023 年 1 月第 1 版
印　　次	2023 年 1 月第 1 次印刷
开　　本	170 毫米 ×240 毫米　16 开
印　　张	9.25
字　　数	112 千字
定　　价	32.00 元

本书如有印装质量问题，可随时调换，联系电话：（010）68929022

总序

领导干部是党和国家事业发展的"关键少数",是党和国家事业的中坚力量。全面建设社会主义现代化国家,必须有一支政治过硬、适应新时代要求、具备领导现代化建设能力的干部队伍。领导干部的履职能力不仅体现干部队伍的整体素质,更关系党的长期执政、国家长治久安、人民长远幸福。培养造就信念过硬、政治过硬、责任过硬、能力过硬、作风过硬的领导干部队伍,对于实现新时代新征程中国共产党的使命任务,以中国式现代化全面推进中华民族伟大复兴,具有重要战略意义。

当前,世界百年未有之大变局加速演进,世界之变、时代之变、历史之变正以前所未有的方式展开,国内改革发展稳定任务艰巨繁重,给领导干部的履职能力提出了一系列新挑战、新要求。建设堪当民族复兴重任的高素质干部队伍,必须着力解决领导干部队伍中存在的本领恐慌、能力不足问题。新时代新征程新任务,要求各级领导干部不断提高政治能力,增强推动高质量发展本领、服务群众本领、防范化解风险本领,加强斗争精神和斗争本领养成,提高统筹发展和安全能力。

干部教育培训是干部队伍建设的先导性、基础性、战略性工程。为开发适应领导干部履职需要和学习特点的培训教材,助力打造高素质专业化干部队伍,我们以习近平新时代中国特色社会主义思想为指导,立足中央党校(国家行政学院)作为干部培训主渠道主阵地的职能定位,以党中央对领导干部队伍建设的最新要求为遵循,编写了"领导干部履职核心能力建设书系",分设《领导干部政治能力建设》《领导干部意识形态能力建设》《领导干部群众工作能力建设》《领导干部调查研究能力建设》《领导

干部依法治理能力建设》《领导干部应急处突能力建设》《领导干部心理
调适能力建设》《领导干部数字治理能力建设》八册。其中，政治能力是
首要能力，在领导干部干好工作所需的各种能力中是第一位的；意识形
态能力是关键，反映领导干部在重大问题和重大考验面前辨别政治是非
的素质和水平；群众工作能力是根本，是衡量领导干部政治上是否合格、
工作上是否称职、领导能力强不强的基本标准；调查研究能力是基础，
属于领导干部做好各项工作的前提和必备基本功；依法治理能力是保障，
体现深化改革、推动发展、化解矛盾、维护稳定、应对风险的内在要求；
应急处突能力是底线，既检验领导干部统筹发展与安全的专业水平，又
检验领导干部的见识和胆识、定力和魄力；心理调适能力是支撑，为领
导干部全力战胜前进道路上各种困难和挑战、稳定发挥其他各项能力提
供内源性动力；数字治理能力是重点，是领导干部适应数字时代治理要
求、激发治理活力、转化治理效能的关键性保证。这八大能力相辅相成，
构成了新时代领导干部必备的履职能力体系。

　　本书系各分册的作者为中央党校（国家行政学院）、中国社会科学院
大学等相关领域权威专家，保证内容的专业性和权威性。书系聚焦领导
干部履职能力建设的核心问题，紧贴党中央关于干部队伍建设和干部教
育培训要求，针对各级领导干部工作现实需要，侧重能力要求的理论分
析和能力建设的方法阐释，既有深入浅出的学理阐释，又有生动透彻的
案例解读，辅以知识链接、延伸阅读、深度思考等板块，启发领导干部
坚持在干中学、学中干，在阅读和思考中深度共鸣，为加强各级领导干
部履职核心能力建设提供实用参考。

时和兴

2022 年 11 月

前　言

　　为政之要，惟在得人；治国理政，关键在人；人之核心，则在于"能"。马克思主义之所以"行"，正是由于其所具有的科学性、革命性、实践性、人民性和开放性的理论品格，融入共产党人的红色血脉，形成了全心全意为人民服务的宗旨意识、汲取人类文明成果的知识素养、自我革新的诚信态度、艰苦奋斗的优良作风和政治人格，成就了中国共产党的"能"，因而绘就了人类发展史上的壮美画卷，造就了中国特色社会主义的"好"。

　　中国共产党的"能"，说到底是每一位共产党员的"能"。共产党员的"能"不是天生的，保持党性纯洁、正气充沛，是修养和培养的结果。党的十八大以来，习近平总书记高度重视干部能力的培养，明确要求提高干部特别是年轻干部的政治能力、调查研究能力、科学决策能力、改革攻坚能力、应急处突能力、群众工作能力、抓落实能力。干部的七种能力是一个相互支撑的有机整体，作为干部的"性能"，是党性的集中体现。其中，习近平总书记关于提高干部群众工作能力的要求，同样体现了党性六个方面的要求。例如：在政治和思想道德修养方面，强调时刻把群众安危冷暖放在心上，认真落实党中央各项惠民政策，把小事当作大事来办，切实解决群众"急难愁盼"的问题；在理论和知识修养方面，强调注意宣传群众、教育群众，用群众喜闻乐见、易于接受的方法开展工作，提高群众思想觉悟，让他们心热起来、行动起来；在纪律和作风修养方面，强调自觉运用法治思维和法治方式深化改革、推动发展、化解矛盾，维护社会公平正义。落实党中央关于逐步实现全体人民共同富裕的要求，带领群众艰苦奋斗、勤劳致富，在收入、就业、教育、社保、医保、医药卫生、住房等方面不断取得实实在在的成果。总之，从干部党性修养和能力提升的视角看，群众工作能力具体包括提升以下六个方面的"能"。

一是提升政治上的"能"，即贯彻党的群众路线的能力。政治问题是道路问题、方向问题、立场问题。中国共产党在领导人民进行的伟大社会实践中，丰富和发展了马克思主义的群众观，形成了党的群众路线。群众路线是党的生命线和根本工作路线，是我们党永葆青春活力和战斗力的重要传家宝。坚持群众路线这个传家宝，首先，必须信仰群众路线、高扬群众路线。领导干部要牢记中国共产党是什么、要干什么这个根本问题，要对群众有感情，真正把自己当作群众的一员、把群众的事当作自己的事，始终保持党同人民的血肉联系。其次，要因势利导、积极作为，拿出切实举措。要深入研究和准确把握新形势下群众工作的特点和规律，改进群众工作方法，提高群众工作水平。最后，要持续发力，久久为功。要抓住人民最关心、最直接、最现实的利益问题，抓住最需要关心的人群，一件事情接着一件事情办、一年接着一年干，锲而不舍向前走。

二是理论上的"能"，即宣传群众、教育群众的能力。中国共产党是中国工人阶级的先锋队，同时是中国人民和中华民族的先锋队，具有全方位的先进性。党员领导干部要善于发挥政治凝聚力和思想引领力，提高宣传群众服务群众的能力水平，教育引导人民群众，把党的正确主张变为群众的自觉行动，转化为改造世界的强大力量。做宣传工作本质上就是做群众工作，要依据时代特点教育、引导和启发群众。首先，要善用群众的语言做群众工作，多用大白话、大实话来解疑释惑，用讲故事、谈心的方式来阐明道理，通过富有时代气息的表达拉近与群众的距离。其次，要运用多种宣传教育方式和手段，更加注重群众精神需求的个性化和新媒体时代传播方式的多样化问题，尽可能多层次、多视角地满足不同个体的精神文化需求。最后，要把解决思想问题和解决实际问题相结合，为各族群众提供健康向上的文化产品和文化服务，不断满足人民群众日益增长的精神文化需求。

三是思想道德上的"能"，即成为群众的贴心人的能力。全心全意为人民服务是党的性质和宗旨的集中体现，是中国共产党人初心和使命之所在。党的百年历史，就是一部践行党的初心使命的历史，是一部党与人民心连心、同呼吸、共命运的历史。党性和人民性从来都是一致的、统一的，具有共同的精神品格、一致的利益基础和统一的价值立场。不忘初心、牢记使命，是新时代全面从严治党的关键要求，也是新时代中国共产党人坚持群众路线的集中体现。成为群众的贴心人，是党性的具体体现。初心与党性，互为印证，密不可分。对于中国共产党人来说，就是通过不忘初心、保守初心来彰显党性、涵养党性，服务人民群众，进而提高觉悟、升华境界，成为"心中有党、心中有民、心中有责、心中有戒"的合格共产党员。坚守全心全意为人民服务的决心、诚心和恒心，就是对合格党员标准的践行。

四是知识上的"能"，即向人民群众学习的能力。重视增强学习本领是中国共产党的优良品质，向人民群众学习是中国共产党的独特标识之一。中国共产党成立百年来，虚心向人民群众学习，不断提高解决实际问题的水平，打造过硬"看家本领"，凝聚无穷智慧与磅礴力量，取得了重大成效，积累了丰厚的经验。在新时代，领导干部首先必须虚心拜人民群众为师，甘当群众的小学生，谦虚地向群众学习，真心对群众负责，热心为群众服务，诚心接受群众监督，不仅"身至"，更要"心至"。其次，到群众中去，与群众朝夕相处，放下架子、扑下身子，接地气、通下情。最后，通过深入开展调查研究，通过"解剖麻雀"的方式，发现典型，真正把群众面临的问题发现出来，把群众的意见反映上来，把群众创造的经验总结出来。

五是纪律上的"能"，即自觉运用法治思维做群众工作的能力。法治是中国国家治理的基本方式，自觉遵规守纪是党性的基本要求。依法治国要求中国共产党依法执政，在法治的框架内寻求贯彻党的根本工作路线的具体途径和方法，实现为人民服务的制度化、规范化、常态化，这对领导干部的能力和素质提出了明确要求。各级领导干部用法治思维和法治方式抓好群众工作，关键在于自觉坚持群众路线，忠诚于党和人民，把握好"情、理、法"相结合原则。正确处理人民内部矛盾，必须讲究方法、注重策略，使群众路线在立法、守法、执法等环节得以充分的实现，做到"立善法""用善法""善用法"。

六是作风上的"能"，即带领群众艰苦奋斗、勤劳致富的能力。艰苦奋斗精神是中华民族的传统美德和民族精神，中国共产党在百年奋斗历程中，始终重视用艰苦奋斗精神教育和武装全党。艰苦奋斗精神始终是党凝聚人心，带领人民群众艰苦奋斗、克敌制胜的强大力量和特有优势。实现中华民族伟大复兴，离不开党的优良作风和群众工作，党员领导干部仍然需要弘扬艰苦奋斗精神，践行坚韧不拔、求真务实的工作作风。首先，没有革命的精神就没有革命的行动。要树立自力更生的志气，秉承简约朴素、吃苦耐劳的生活态度。其次，良好的精神状态是做好一切工作的重要前提。保持昂扬向上、奋发图强的精神风貌，就要与人民群众同舟共济、勇闯难关，用实际行动取信于民。最后，必须在工作中磨练吃苦耐劳的意志。新征程上总有难以预料的困难与艰辛，仍然会遇到新的"雪山""草地""娄山关""腊子口"，党员领导干部要带领群众，拿出滴水穿石、积沙成塔的韧劲，把吃苦耐劳的意志贯彻到工作学习之中。

目录

CONTENTS

中国共产党在领导人民进行的伟大社会实践过程中，丰富和发展了马克思主义群众观，形成了党的群众路线。贯彻群众路线是我们党的优良传统和政治优势。群众路线是党的生命线和根本工作路线，是我们党永葆青春活力和战斗力的重要传家宝。建党百年以来，我们党在实践中创造性地形成和发展了群众路线，积累了丰富的理论成果和实践经验。不论过去、现在还是将来，党员领导干部都要坚持好群众路线，把群众路线贯彻到治国理政全部活动之中，凝聚起全体人民的磅礴伟力，为实现中华民族伟大复兴而不懈奋斗。

一、密切联系群众是党的最大政治优势

群众路线是我们党的生命线和根本工作路线，也是我们党区别于其他任何政党的一个显著标志。群众路线蕴含有中华民族朴素的民本思想，是中国共产党长期革命和建设经验的总结，是党的科学领导方法，是历史唯物主义特别是马克思主义群众观点的生动体现，也是党的事业不断取得胜利的重要法宝。群众路线是党的根本工作路线，这是由党全心全意为人民服务的宗旨所决定

的。党在与人民群众的密切联系、共同战斗中诞生、发展、壮大、成熟起来。党离不开人民，人民也离不开党。新时代，党员领导干部必须始终紧紧依靠人民群众，诚心诚意为人民谋利益，从人民群众中汲取前进的不竭力量。

（一）群众路线是党的根本路线

群众路线的基本内涵是：一切为了群众、一切依靠群众，从群众中来、到群众中去，把党的正确主张变为群众的自觉行动。路线意味着方向和道路，意味着立场和使命。因此，群众路线是我们党执政的导航仪和助推器。马克思主义群众观建立在唯物史观对人类社会发展规律的深刻把握基础上，是马克思主义的认识论、方法论和实践论在群众问题上的集中体现。党的群众路线是中国共产党人在各项工作中对马克思主义群众观的创造性运用。

中国共产党与其他政党的根本不同在于，它是代表工人阶级和最广大人民群众的政党，是彻底为工人阶级和最广大人民群众谋利益的政党。早在世界上第一个无产阶级政党诞生之初，马克思恩格斯就鲜明地指出："过去的一切运动都是少数人的，或者为少数人谋利益的运动。无产阶级的运动是绝大多数人的，为绝大多数人谋利益的独立的运动。"[①]恩格斯还指出："被剥削被压迫的阶级(无产阶级)，如果不同时使整个社会永远摆脱剥削、压迫和阶级斗争，就不再能使自己从剥削它压迫它的那个阶级(资产阶级)下解放出来。"[②]在马克思恩格斯看来，无论工人阶级政党采用什么形式，都不应该是孤立于工人阶级和广大人民群众之外的宗派集团；不论工人阶级政党多么先进，都不应代替工人阶级和广大人民群众的革

[①] 《马克思恩格斯选集》第1卷，人民出版社2012年版，第411页。

[②] 《马克思恩格斯选集》第1卷，人民出版社2012年版，第380页。

命作用。他们进一步指出了共产党的根本性质和宗旨，强调无产阶级政党的历史使命就在于，组织和领导本阶级和最广大人民群众，为实现人类的解放从而也是工人的解放而斗争。

中国共产党是按照马克思主义建党原则建立起来的政治组织，是中国工人阶级的先锋队，同时也是中国人民和中华民族的先锋队。中国共产党始终把一切从人民利益出发，全心全意为人民服务作为自己的根本立场和唯一宗旨。中国共产党的这种性质和宗旨，从根本上决定了党的根本路线是群众路线。毛泽东指出："共产党是为民族、为人民谋利益的政党，它本身决无私利可图。……它的党员应该站在民众之中，而决不应该站在民众之上。"[①]毛泽东还着重把"和最广大的人民群众取得最密切的联系"作为中国共产党区别于其他任何政党的重要标志。新中国成立以后，邓小平在党的八大上作的《关于修改党的章程的报告》中指出："同资产阶级的政党相反，工人阶级的政党不是把人民群众当作自己的工具，而是自觉地认定自己是人民群众在特定的历史时期为完成特定的历史任务的一种工具。"[②]对于共产党，他指出，"它之所以成为先进部队，它之所以能够领导人民群众，正因为，而且仅仅因为，它是人民群众的全心全意的服务者，它反映人民群众的利益和意志，并且努力帮助人民群众组织起来，为自己的利益和意志而斗争"[③]。进入新世纪新阶段，党中央一再强调坚持群众路线对于保持党的性质的重要性，强调立党为公、执政为民是我们党同一切剥削阶级政党的根本区别；强调我是谁、为了谁、依靠谁，是否始终站在最广大人民的立场上，是区分唯物史观和唯心史观的分水岭，也是判断马克思主义政党的试金石。习近平总书记指出："党除了工人阶级和最广大人民群众的利益没有自己特殊的利益，党在任何

① 《毛泽东选集》第3卷，人民出版社1991年版，第809页。
② 《邓小平文选》第1卷，人民出版社1994年版，第217—218页。
③ 《邓小平文选》第1卷，人民出版社1994年版，第218页。

时候都把人民群众的利益放在第一位，全心全意为人民服务。党的这种性质和宗旨，既决定了党的先进性，也决定了党的纯洁性。"[①]

总之，中国共产党的性质决定了群众路线是党的根本路线，群众路线是马克思主义政党性质的根本要求。共产党的路线，也就是人民的路线。离开了这条路线，党就要变质，就不再是代表最广大人民群众根本利益的马克思主义政党了。在世界百年未有之大变局加速演进的背景下，我们党面临着新的风险和考验，要求党员干部必须从保持党的先进性纯洁性、保证党永不变色的高度，充分认识坚持党的群众路线、保持与人民群众最紧密联系的极端重要性和紧迫性。

（二）群众路线是党的优良传统

党的群众路线是马克思主义群众观与中国共产党领导的革命、建设、改革伟大实践相结合的产物，具有鲜明的中华优秀传统文化、革命文化和社会主义先进文化特色。党的群众路线与我国传统民本思想有着较深的内在联系，其概念在土地革命战争时期孕育产生，主要内容在抗日战争时期形成。党的历史上，对群众路线做过多次系统总结。

中国古代传统的"民本思想"可以算是群众路线最早的历史渊源。真正意义上的群众路线，则来自马克思主义经典作家的群众观。在国际共产主义运动史上，马克思主义经典作家非常重视党同人民群众的关系问题，重视做好群众工作。马克思、恩格斯、列宁提出的一系列关于党和人民群众关系的理论观点，构成了马克思主义群众观的基本内容。

1922年7月召开的党的二大通过的《关于共产党的组织章程决议案》指出："党的一切运动都必须深入到广大的群众里面去。"在1925年10月召开的中共中央执委会扩大会议制定的《中国共产党扩大执行委员会决

[①]《十七大以来重要文献选编》下，中央文献出版社2013年版，第822页。

议案》中又指出："中国革命运动的将来命运，全看中国共产党会不会组织群众，引导群众。"1928年6—7月召开的党的六大也作出了"党的总路线是争取群众"的重要论断。同年11月，李立三根据党的六大精神在同浙江地区负责人谈话时指出，在总的争取群众路线之下，需要尽最大的努力到下层群众中去。这是我们党的领导人首次使用"群众路线"这一概念。1929年8月，由周恩来起草的《中共中央给红四军前委的指示信》中多次提到"群众路线"，即筹款工作要"经过群众路线"，没收地主豪绅财产要"经过群众路线"，红军给养及需用品问题也要"渐次做到由群众路线去找出路"。1929年12月，毛泽东在著名的古田会议决议中指出：我们"一切工作在党的讨论和决议之后，再经过群众路线去执行"。

抗日战争时期，党的群众路线的基本内容开始不断完善和成熟。1943年6月，毛泽东在为中央起草的《关于领导方法的若干问题》一文中，从辩证唯物主义认识论的高度，对党的群众路线的工作方法进行了精辟概括。毛泽东指出："在我党的一切实际工作中，凡属正确的领导，必须是从群众中来，到群众中去。这就是说，将群众的意见（分散的无系统的意见）集中起来（经过研究，化为集中的系统的意见），又到群众中去作宣传解释，化为群众的意见，使群众坚持下去，见之于行动，并在群众行动中考验这些意见是否正确。然后再从群众中集中起来，再到群众中坚持下去。如此无限循环，一次比一次地更正确、更生动、更丰富。这就是马克思主义的认识论。"[①]1945年4月，毛泽东在党的七大上作了《论联合政府》的政治报告，更为系统地阐述了党的群众路线的问题。他指出："我们共产党人区别于其他政党的又一个显著的标志，就是和最广大的人民群众取得最密切的联系。全心全意地为人民服务，一刻也不脱离群众；

---

① 《毛泽东选集》第3卷，人民出版社1991年版，第899页。

一切从人民的利益出发，而不是从个人或小集团的利益出发；向人民负责和向党的领导机关负责的一致性；这些就是我们的出发点。"①毛泽东还从我们党的根本性质和宗旨出发，提出把"和最广大的人民群众取得最密切的联系"作为党的三大优良作风之一，这就使我们党对群众路线的认识进一步提到了一个新的高度。1945年5月，刘少奇在《关于修改党章的报告》中专门论述了党的群众路线的极端重要性，并将它提到了党的根本的政治路线和组织路线的高度。他指出："党的群众路线，是我们党的根本的政治路线，也是我们党的根本的组织路线。"②党的七大通过的新党章，第一次明确规定了党的群众观点和群众路线的基本内容和基本要求。

新中国成立后，随着中国共产党成为执政党，由新民主主义革命阶段进入社会主义革命和建设阶段，党对群众路线的认识也在不断深化。1956年召开了党的八大。邓小平分析了在执政时期贯彻执行群众路线面临的两种严重情况，即官僚主义和宗派主义的危害，论述了贯彻执行群众路线的五条具体措施，包括进行党的群众路线的教育、改善各级领导机关的工作方法、健全党的和国家的民主生活、加强党的和国家的监察工作、定期对全体党员进行一次工作作风的整顿等内容。毛泽东在对群众路线的实践形式进行不断总结提炼的基础上，理论上的思考也更为深刻。1962年1月，毛泽东在扩大的中央工作会议上的讲话中指出："民主集中制的方法，是一个群众路线的方法。先民主，后集中，从群众中来，到群众中去，领导同群众相结合。"③遗憾的是，随着20世纪50年代后期党内"左"倾思潮和"左"倾路线的兴起，群众路线一方面在继续有所发展的同时，另一方面也被错误地用来搞阶级斗争、政治运动，尤

① 《毛泽东选集》第3卷，人民出版社1991年版，第1094—1095页。
② 《刘少奇选集》上卷，人民出版社1981年版，第342页。
③ 《毛泽东著作选读》下册，人民出版社1986年版，第816页。

其在"文化大革命"期间，群众路线和群众运动偏离了正确的轨道，既脱离了党的组织，又脱离了广大群众，使党的群众路线遭受破坏和挫折。

1981年党的十一届六中全会通过的中共中央《关于建国以来党的若干历史问题的决议》第一次把群众路线确定为毛泽东思想三个"活的灵魂"之一，并将党的群众路线的基本内容概括为"一切为了群众，一切依靠群众，从群众中来，到群众中去"。1990年3月，党的十三届六中全会通过了《中共中央关于加强党同人民群众联系的决定》。这个决定强调了"从中央到地方，各级党委都要在深化政治体制改革中，推进社会主义民主和法制建设，积极疏通和拓宽党同人民群众联系的渠道"①，提出了在党内普遍深入地进行马克思主义群众观点和党的群众路线的再教育。随着改革开放的推进，党的群众路线无论是在理论方面还是在实践方面，都得到了不断的提升和拓展。例如：强调党要密切同群众的联系，坚决克服消极腐败现象；在干部工作中要切实贯彻群众路线；共产党员和党的干部特别是领导干部，要倾听群众呼声，关心群众疾苦，为群众办实事、办好事；推进党的作风建设，核心是保持党同人民群众的血肉联系；完善党员干部直接联系群众制度。坚持问政于民、问需于民、问计于民，从人民伟大实践中汲取智慧和力量。

总之，在不同历史时期，由于党的角色不同、时代任务不同、群众阶层不同，决定了群众路线具有不同的时代内涵和要求。认识到这些差别，才能更加清醒地认识到新时期贯彻落实党的群众路线的着力点，才能根据时代的要求和党的事业发展的要求，以创新的思维不断探索实现群众路线的途径和方式方法，使群众路线这个"党的生命线和根本工作路线"更具时代意义和现实意义。

---

① 《十三大以来重要文献选编》中，人民出版社1991年版，第932页。

（三）把握群众路线的时代内涵

党的十八大以来，习近平总书记针对坚持党的群众观点、群众路线、群众工作方法、密切党同人民群众的血肉联系等方面进行了一系列深入论述。这些论述着眼于巩固党的执政地位和党执政的群众基础，着眼于新时代中国具体国情，着眼于世界百年未有之大变局和中华民族伟大复兴战略全局，作出了符合时代特点的新阐述。这些论述坚持人民是历史创造者的根本观点，强调尊重人民主体地位，强调以人民为中心的发展观，鲜明地体现了人民立场和人民情怀，把历史观、价值观和认识论、方法论统一起来，是马克思主义群众观在当代中国特色社会主义实践中的运用和创新，为新形势下广大党员干部贯彻党的群众路线、改进工作作风提供了行动指南。

党的十八届五中全会首次提出以人民为中心的发展思想，反映了坚持人民主体地位的内在要求，彰显了人民至上的价值取向。习近平总书记指出，着力践行以人民为中心的发展思想，体现了人民是推动发展的根本力量的唯物史观。"人民是创造历史的动力，我们共产党人任何时候都不要忘记这个历史唯物主义最基本的道理。"[1] 只有坚持这一基本原理，才能把握历史前进的基本规律和历史发展的总体趋势；只有按照历史规律办事，才能无往而不胜。坚持以人民为中心的发展思想，就要坚持人民主体地位，充分尊重人民所表达的意愿、所创造的经验、所拥有的权利、所发挥的作用。尊重人民首创精神，自觉拜人民为师，向能者请教，向智者问策，从群众中汲取无穷无尽的智慧和力量。紧紧依靠人民，广泛动员和组织人民投身到党领导的中国特色社会主义伟大事业中来。要践行以人民为中心的发展思想，就要把实现人民幸福作为发展的目的和

---

① 《习近平总书记系列重要讲话读本》，学习出版社、人民出版社2016年版，第128页。

归宿，做到发展为了人民、发展依靠人民、发展成果由人民共享。习近平总书记强调，以人民为中心的发展思想，不是一个抽象、玄奥的概念，而要使它体现在经济社会发展的各个环节。要坚持人民主体地位，顺应人民群众对美好生活的向往，不断实现好、维护好、发展好最广大人民根本利益。要坚持深化改革、创新驱动，提高经济发展质量和效益，不断满足人民日益增长的物质文化需要。要坚持社会主义基本经济制度和分配制度，调整再分配调节机制，维护社会公平正义，使发展成果更多更公平惠及全体人民。

人民主体论是共产党人的历史观，也是共产党人的价值观，从群众史观出发，习近平总书记深入地论述了党与人民的血肉联系。他指出，我们党是靠宣传群众、组织群众、依靠群众起家，从胜利走向胜利的。坚持立党为公、执政为民，把实现好、维护好、发展好最广大人民的根本利益作为党的核心价值，始终保持党同人民群众的血肉联系，这是我们党领导改革开放和社会主义现代化建设不断取得胜利的一条根本经验。实践一再证明，"我们党的根基在人民、血脉在人民、力量在人民"[①]。一要永远保持同人民的血肉联系。习近平总书记在庆祝中国共产党成立95周年大会上的讲话中强调，要永远保持对人民的赤子之心。对人民赤胆忠心是习近平代表全党对人民的郑重承诺。永远信任人民，永远忠于人民，永远保持同人民群众的血肉联系，这是共产党人的根本政治立场。坚持这一根本政治立场，把这个立场一以贯之地落实和体现到党的全部理论和实践中，我们党就无往而不胜。二要把人民满意作为工作的根本标准。把人民满意作为党的工作的根本标准，是落实人民主体地位、实现人民当家作主的重要的条件。同样地，以人民是否满意作为判断标准，内在包含着党的一切工作都要体现人民意愿，都要以人民利益为重、以人民期盼为念。

---

① 《十七大以来重要文献选编》下，中央文献出版社2013年版，第636页。

习近平总书记强调，学习和掌握马克思主义方法，必须学习和掌握群众路线的工作方法。一切为了群众、一切依靠群众，从群众中来、到群众中去的群众路线，是马克思主义历史唯物主义基本原理在实践工作中的具体体现，也是我们党始终坚持的根本工作路线和根本工作方法。调查研究是把实事求是与群众路线融合为一的基础和桥梁。实事求是作为党的思想路线，是共产党人手中的最尖锐最有效的武器；群众路线作为党的根本工作路线，是共产党人永远立于不败之地的根本保证。调查研究既是坚持实事求是的基础性环节，也是落实群众路线的基础性环节，因而是把这两者结合起来的枢轴。习近平总书记指出，落实党的群众路线，"要把调查研究作为基本功，深入基层、深入群众、深入实际，了解情况、问计于民"[①]。

二、群众路线是党保持生机与活力的秘诀

党的一切力量的源泉在于群众。"水能载舟，亦能覆舟"，执行群众路线能带来生机和活力，背离群众路线、脱离人民群众则是党执政后的最大危险。中国共产党人运用群众路线这个传家宝，造就了中国共产党的"能"，进而成就了中国特色社会主义的"好"。群众路线融入共产党人的红色血脉，形成了包括政治、理论、思想道德、知识、纪律和作风在内的优良素养，焕发出巨大的精神力量，成为中国共产党永葆青春活力和战斗力的秘诀。

（一）彰显信仰与信念的力量

习近平总书记强调："崇高信仰始终是我们党的强大精神支柱，人民

① 《习近平新时代中国特色社会主义思想学习论丛》第2辑，中央文献出版社2020年版，第8页。

群众始终是我们党的坚实执政基础。只要我们永不动摇信仰、永不脱离群众，我们就能无往而不胜。"① 人民立场是我们党最根本的政治立场，群众观点是我们党最基本的政治观点。党员在心中明白"我是谁"，明确"为了谁"，搞清"依靠谁"，立场和观点就升华为崇高的信仰和坚定的信念，深深扎根于服务人民的创造性实践。

人民群众是历史的创造者，是推动历史发展的根本力量。这是历史唯物主义最基本的观点之一。毛泽东曾经反复强调："我们应当相信群众，我们应当相信党，这是两条根本的原理。如果怀疑这两条原理，那就什么事情也做不成了。"②

在历史发展的每一个重要关头，中国共产党都反复强调要相信群众的力量。1946年8月6日，在蒋介石发动大规模内战的时候，毛泽东在和美国记者安娜·路易斯·斯特朗谈话时，提出了"一切反动派都是纸老虎"的著名论断。他列举俄国沙皇和德国的希特勒、意大利的墨索里尼以及日本帝国主义的例子，来说明这些反动力量从表面上看是强大的，但从本质上看，"真正强大的力量不是属于反动派，而是属于人民"③。当斯特朗问到对美国使用原子弹的看法时，毛泽东回答道："原子弹是美国反动派用来吓人的一只纸老虎，看样子可怕，实际上并不可怕。当然，原子弹是一种大规模屠杀的武器，但是决定战争胜败的是人民，而不是一两件新式武器。"④ 他十分坚定地告诉斯特朗：历史将证明我们的小米加步枪比蒋介石的飞机加坦克还要强些，"虽然在中国人民面前还存在着许多困难，中国人民在美国帝国主义和中国反动派的联合进攻之下，将要受到长时间的苦难，但是这些反动派总有一天要失败，我们总有一天要胜

---

① 《习近平关于实现中华民族伟大复兴的中国梦论述摘编》，中央文献出版社2013年版，第77页。
② 《毛泽东文集》第6卷，人民出版社1999年版，第423页。
③ 《毛泽东军事文集》第3卷，军事科学出版社、中央文献出版社1993年版，第387页。
④ 《毛泽东选集》第4卷，人民出版社1991年版，第1194—1195页。

利"①。1947年12月25日，在中国革命进入夺取全国胜利的前夜，毛泽东在陕北米脂县杨家沟作题为《目前形势和我们的任务》的报告，向全党同志明确提出：我们清醒地知道前进道路上会有种种障碍和困难，"只要我们能够掌握马克思列宁主义的科学，信任群众，紧紧地和群众一道，并领导他们前进，我们是完全能够超越任何障碍和战胜任何困难的，我们的力量是无敌的"②。1953年9月12日，他分析敌我力量悬殊的抗美援朝战争为何能够取得胜利时，一针见血地指出："我们的经验是：依靠人民，再加上一个比较正确的领导，就可以用我们劣势装备战胜优势装备的敌人。"③可以说，相信群众、依靠人民，是我们党和军队在不同年代战胜敌人的共同法宝。

（二）彰显真理与科学的力量

群众路线是唯物史观与中国实际相结合的体现，是中国共产党百年奋斗经验的深刻总结。习近平总书记指出，我们党作为马克思主义执政党，要有强大的真理力量。真理力量集中体现为我们党的思想方法和理论体系。党的群众路线建立在对人类社会发展规律、社会主义建设规律、共产党执政规律的认识基础上，为我们认识世界、改造世界提供了强大思想武器。

群众路线不仅明确了我们党奋斗的价值目标，而且强调我们党在实际工作中必须遵循实践认识论的基本原理。从实际出发，用实践检验认识的真理性，这是真理标准问题；从人民利益出发，一切以符合人民群众的利益为标准，这是价值标准问题。在群众路线中，二者达到了统一。"一切为了群众，一切依靠群众"，突出的是价值取向，强调必须把

---

① 《毛泽东选集》第4卷，人民出版社1991年版，第1195页。
② 《毛泽东选集》第4卷，人民出版社1991年版，第1260页。
③ 《毛泽东军事文集》第6卷，军事科学出版社、中央文献出版社1993年版，第355页。

人民群众的根本利益作为衡量一切工作的最高标准，讲的是价值标准问题。"从群众中来，到群众中去"，突出的是领导方法和工作方法，强调在党的一切实际工作中，凡属正确的领导，必须是把集中起来的群众意见，通过处理再返回到群众中去，使群众坚持下去，见之于行动，并在群众行动中考验这些意见是否正确。然后再从群众中集中起来，再到群众中坚持下去。如此无限循环，一次比一次更正确、更生动、更丰富。这讲的是真理标准问题。群众路线既是党的路线、方针、政策、措施是否符合实际即是否是真理的标准，又是党的路线、方针、政策、措施是否对人民有价值以及价值大小的标准。一句话，群众路线是真理标准与价值标准的统一。

"我是谁、为了谁、依靠谁"，是马克思主义政党必须回答的首要问题。群众利益高于一切，为人民谋利益，造福于人民，是我们党的最高价值追求。党的群众路线建立在马克思主义科学世界观和方法论相统一的坚实理论基础之上，秉持"以人为本，执政为民"的价值理念，深刻回答了"我是谁、为了谁、依靠谁"的重要问题，也深刻回答了党的全部实践活动的检验标准问题。

（三）彰显人民与团结的力量

习近平总书记指出："我们党来自于人民，党的根基和血脉在人民。为人民而生，因人民而兴，始终同人民在一起，为人民利益而奋斗，是我们党立党兴党强党的根本出发点和落脚点。"[①]人民群众是先进生产力和先进文化的创造主体，是推动经济社会发展的主体，也是我们党的力量源泉和执政之本。全心全意为人民服务是党的根本宗旨，人民立场是党的根本立场，必须紧紧依靠人民、不断造福人民、牢牢植根人民，实现

① 习近平：《在党史学习教育动员大会上的讲话》，人民出版社2021年版，第15页。

好、维护好、发展好最广大人民根本利益。群众路线是我们党取得革命、建设和改革巨大成就的根本原因。人民群众是历史的创造者。群众路线是我们党的政治优势和传家宝，是调动人民群众积极性主动性创造性的根本途径。习近平总书记指出，人民群众是我们力量的源泉；实现中国梦必须凝聚中国力量，这就是中国各族人民大团结的力量。一百年来，我们党从一个领导人民为夺取全国政权而奋斗的党到领导人民掌握全国政权并长期执政的党，从在"一穷二白"基础上起步到把我国建设成为世界上第二大经济体，根本原因就是我们党始终坚持一切为了人民、一切依靠人民，从群众中来、到群众中去的群众路线。

中国共产党为什么能？最基本的一条，就是直接依靠广大人民群众。对此，毛泽东曾有精辟而生动的表述："依靠民众则一切困难能够克服，任何强敌能够战胜，离开民众则将一事无成。"①1934年1月27日，毛泽东在江西瑞金召开的第二次全国工农兵代表大会上指出，真正的铜墙铁壁是千百万真心实意地拥护革命的群众，是"什么力量也打不破的，完全打不破的。反革命打不破我们，我们却要打破反革命。在革命政府的周围团结起千百万群众来，发展我们的革命战争，我们就能消灭一切反革命，我们就能夺取全中国"。②1939年5月4日，他在延安青年群众举行的五四运动20周年纪念会上又强调，革命的主体是中国的老百姓，"革命的动力，有无产阶级，有农民阶级，还有其他阶级中一切愿意反帝反封建的人，他们都是反帝反封建的革命力量。但是这许多人中间，什么人是根本的力量，是革命的骨干呢？就是占全国人口百分之九十的工人农民"。③1945年6月11日，毛泽东在党的七大闭幕词中，引用《列子·汤问》中愚公移山的故事，说中国共产党一定要像愚公挖掉太行山、王屋山那样，

---

① 《毛泽东军事文集》第2卷，军事科学出版社、中央文献出版社1993年版，第381页。
② 《毛泽东选集》第1卷，人民出版社1991年版，第139页。
③ 《毛泽东选集》第2卷，人民出版社1991年版，第562页。

挖掉帝国主义、封建主义这两座压在中国人民头上的大山。而且，中国共产党"也会感动上帝的。这个上帝不是别人，就是全中国的人民大众。全国人民大众一齐起来和我们一道挖这两座山，有什么挖不平呢？"[①]

（四）彰显知识与学习的力量

中国共产党是一个重视学习、善于学习的政党。习近平总书记指出，"中国共产党人依靠学习走到今天，也必然要依靠学习走向未来"[②]。"在人民面前，我们永远是小学生，必须自觉拜人民为师，向能者求教、向智者问策。"[③]党的性质和使命，要求党必须注重学习、善于学习、不断学习，持续提升素质能力。要向实践学习、向人民群众学习，坚持问政于民、问需于民、问计于民。

习近平同志在担任河北省正定县委书记期间就说过："我们读了很多书，但书里有很多水分，只有和群众结合，才能把水分蒸发掉，得到真正的知识。"当正定人民回忆起这位年轻的县委书记时，脑海里总是浮现出他当街摆起面对面谈话的桌子，虚心向群众请教的场景。党的十八大以来，习近平总书记多次发出向人民群众学习的号召，希望党员干部自觉拜人民为师，向能者求教，向智者问策。他强调："必须充分尊重人民所表达的意愿、所创造的经验、所拥有的权利、所发挥的作用。"[④]向人民群众学习，说着容易做到难，要经常深入实际、深入基层、深入群众，从群众中来，到群众中去，真诚倾听群众呼声，真实反映群众愿望，真情关心群众疾苦，向群众问计，老老实实从群众的实践中汲取营养、增长智慧。

[①] 《毛泽东选集》第3卷，人民出版社1991年版，第1102页。
[②] 《习近平总书记系列重要讲话读本》，人民出版社、学习出版社2014年版，第189页。
[③] 《十八大以来重要文献选编》上，中央文献出版社2014年版，第697页。
[④] 《十八大以来重要文献选编》上，中央文献出版社2014年版，第697页。

群众路线也是实践路线和学习路线。习近平总书记在重视读书学习的同时，提倡到基层人民群众中去学习，反对学习和工作中的"空对空"。他曾用战国赵括"纸上谈兵"、两晋学士"虚谈废务"的历史教训告诫党员干部，读书是学习，实干也是学习，并且是更重要的学习。他强调："要坚持知行合一，注重在实践中学真知、悟真谛，加强磨练、增长本领。"①习近平总书记尤其重视到基层考察调研，正是在一次次的实地调研中，发现问题，解决问题，形成了一系列治国理政的新理念新思想新战略。实践出真知，实践长真才。我们要把实践作为增长才干的根本途径，发扬实干苦干精神，坚持在干中学、在学中干，做到学、思、用贯通，知、信、行统一，不断在解决实际问题的过程中提高运用科学理论和丰富知识的能力。

当今社会，信息爆炸式增长，知识在整体性发展的同时也日益专业化。专家学者是各自领域出色的行家里手，对知识、对技术掌握得比较多，对自然、对社会了解得比较深，在推动经济社会发展、推动社会文明进步中发挥着十分重要的作用，更是各级干部深入求教的重要对象。习近平总书记反复强调，领导干部要主动同专家学者打交道、交朋友，多听取他们的意见和建议。近年来，面对新冠肺炎疫情的肆虐，面对受国际大环境影响的复杂严峻的经济态势，习近平总书记多次召开专家学者座谈会，向大家询计问策。他以身作则、率先垂范，与每一位参会专家学者交流，并就一些问题深入了解情况，要求有关方面认真研究、科学改进、妥善解决。总之，贯彻党的群众路线，向人民群众学习是重要的内容，群众中蕴藏着知识和人才，要尊重人才、用好人才，特别是虚心向相关领域专家学习，努力掌握最新专业知识，是领导干部干好事业的基本功。

---

① 习近平：《在知识分子、劳动模范、青年代表座谈会上的讲话》，人民出版社2016年版，第12页。

（五）彰显诚信与法治的力量

习近平总书记指出："保持党的先进性和纯洁性、巩固党的执政基础和执政地位靠什么？最重要的就是靠坚持党的群众路线、密切联系群众。"[1]忠诚于党和人民、信守组织纪律、勇于自我革命是共产党人的政治本色。只有内心真诚，善于自我反省，才能守住内心，守住拒腐防变的防线。自我反省和教育，必须接受群众监督，诚恳请群众评判。

群众路线与法治息息相关，是法治建设不可或缺的重要内容。同样，法治建设也是群众路线的重要内容，并保障群众路线的贯彻落实。宪法和法律，其核心内容是保障实现人民群众的根本利益，依法治国就是在最大限度上维护人民群众的根本利益。我们要全面建成依法治理的社会，社会建设主体是人民群众，建设目的是为了让人民群众过上幸福生活；而依法治国是现代政治文明的必然要求。党的依法执政、政府的依法行政，就是践行承诺，显示诚信，密切联系人民群众，保障人民群众的根本利益。可以说，"法治"是"群众路线"的题中应有之义。

对人民群众的忠诚是法治力量彰显的重要前提。早在1945年7月，抗日战争胜利的前夜，黄炎培、褚辅成等六位国民参政员来延安访问时，黄炎培对毛泽东说：一部历史，"政怠宦成"的也有，"人亡政息"的也有，"求荣取辱"的也有，总之没有能跳出"其兴也浡焉，其亡也忽焉"的周期率，希望中共诸君"找出一条新路，来跳出这周期率的支配"。毛泽东回答说："我们已经找到新路，我们能跳出这周期率。这条新路，就是民主。只有让人民来监督政府，政府才不敢松懈。只有人人起来负责，才不会人亡政息。"[2]苏联共产党在拥有20万党员的时候取得了革命的胜

---

[1] 《十八大以来重要文献选编》上，中央文献出版社2014年版，第310页。
[2] 《毛泽东著作专题摘编》下，中央文献出版社2003年版，第2162页。

利，在拥有200万党员的时候取得了反法西斯战争的胜利，却在拥有2000万党员的时候丢失了政权。其根本原因，就在于苏联共产党失去了党的先进性，失去了人民群众的拥护和支持，教训极其深刻。我们党的最大政治优势是密切联系群众，党执政后的最大危险是脱离群众。只有始终坚持和贯彻党的群众路线，提高做好新形势下群众工作的能力，才能保持党的先进性和纯洁性，不断增强党的创造力、凝聚力、战斗力，夯实党的执政基础，巩固党的执政地位。

忠诚于人民必然强调自我革命和全面从严治党，全面从严治党必然强调严守纪律和规矩，把制度和纪律挺在前面。习近平总书记在庆祝中国共产党成立100周年大会上的讲话中指出，"永远保持同人民群众的血肉联系"，"坚决清除一切损害党的先进性和纯洁性的因素，清除一切侵蚀党的健康肌体的病毒，确保党不变质、不变色、不变味"。党的十八大以来，以习近平同志为核心的党中央推进全面从严治党，坚持"人民群众反对什么、痛恨什么，就坚决防范和纠治什么"，以刀刃向内的决心和勇气向党内顽瘴痼疾开刀，以严的主基调正风肃纪反腐，党内政治生活焕然一新，党内政治生态健康良好，党在纪律修养和制度建设中焕发出更加旺盛的生命力和顽强的战斗力。

（六）彰显奋进与实践的力量

事物是在矛盾中发展的，不破不立，不打破旧的利益格局和藩篱，就会阻碍生产力的发展，就难以保证改革发展成果更多更公平地惠及全体人民。一切为了群众，说到底，就是从群众最关心、最迫切的问题入手，敢于直面问题解决矛盾，以务实的作风争取人民群众满意的实效。中国共产党诞生于内忧外患之中，历经28年血雨腥风终于成立了新中国。中国共产党从一个只有几十名成员的小组织到世界上最大的执政党，一路走来，历尽艰险。推其原因，就在于我们党坚持群众路线，为人民利益不懈奋斗，始终保持了同广大人民群众的血肉联系，赢得了人民群众的大力支持，创造了这令人震惊的奇迹。

建党以来，我们党始终站稳人民立场，涌现出了张思德、焦裕禄、黄大年等大批的楷模，用行动诠释了"共产党人的一切言行，必须以合乎最广大人民群众的最高利益，为最广大人民群众所拥护为最高标准"的誓言。人民群众矢志不渝的接续奋斗力将是新百年征程的制胜法宝。回望党的百年光辉历程，无论是战争年代的"流尽最后一滴血"，还是社会主义建设时期的"宁可少活二十年"，抑或是改革开放新时代的"杀出一条血路来"，广大人民群众的骨子里始终透着那么一股拼劲、韧劲、闯劲，永不退缩、永不言败、永不服输。可以说，百年伟大成就是人民群众用生命与鲜血换来的、用艰辛与泪水挣来的、用拼搏与奋斗干来的，同时也启示我们，人民群众之伟力无穷无尽、坚不可摧，只要大家同向发力、同频共振，就一定能在任何困难、任何挑战面前劈波斩浪、一往无前。社会主义是干出来的，新时代是奋斗出来的。漫漫征程未有穷期，唯有奋斗披荆斩棘。

在新的百年征程上，百姓期盼吃得更好、穿得更靓、住得更宽、行得更畅、收入更高、教育更优、医疗更有保障、环境更美丽、身体更健康……广大党员干部作为百姓美好生活的"领路人"，要心怀"国之大者"，牢记"两个务必"，增强倾情为民的政治自觉、思想自觉、行动自觉，立足本职岗位，发扬奉献精神，以永不自满、永不懈怠、永不忘本的姿态，苦干实干豁上干、撸起袖子加油干，努力作出不负历史、不负人民、不负未来的应有贡献，永远当好人民群众的"服务员"。党员领导干部要带领广大人民群众，心往一处想，劲往一处使，拧成一股绳，以"生命不息、奋进不止"的坚忍毅力，百折不挠干，矢志不渝干，世代接续干，努力建设更加和谐幸福的美好家园。

三、用好群众路线这个传家宝

　　坚持群众路线这个传家宝，关键是实施正确有效的行动。对中国共产党人来说，既要在历史风云中看清楚为什么党的群众路线"行"，可以让中国共产党有能力解决中国的时代难题，更要弄明白未来如何弘扬群众路线的"行"，保持中国共产党的"能"，续写中国特色社会主义的"好"。我们要切实发挥政治路线的导向作用，根据新的形势和任务，从思想教育、改进作风、提升能力、解决问题和制度建设等方面入手，推出切实举措，让人民群众的获得感、幸福感、安全感更加充实、更有保障、更可持续，共同富裕取得新成效，不断把人民对美好生活的向往变为现实，绘就人类文明进步的美好画卷。

（一）信仰群众路线、高扬群众路线

　　最科学的思想方法本身就是行动的逻辑，理论的彻底终将转化为情感的真挚，转化为信仰和笃行。习近平总书记指出："党的十八大以来，我们先后开展一系列集中学习教育，一个重要目的就是教育引导全党牢记中国共产党是什么、要干什么这个根本问题，始终保持党同人民的血肉联系。贯彻党的群众路线，首先要对群众有感情，真正把自己当作群众的一员、把群众的事当作自己的事。"① 对于新时代的中国共产党人来说，政治立场、政治观念决定着人的能动性发挥。心中有党，心中有民，就不会迷失方向；心中有责，心中有戒，就不会精神懈怠、丧失动能。

---

① 《筑牢理想信念根基树立践行正确政绩观　在新时代新征程上留下无悔的奋斗足迹》，《人民日报》2022年3月2日。

📖 延伸阅读

要广泛发动和依靠群众，同心同德、众志成城，坚决打赢疫情防控的人民战争。

——2020年2月10日，习近平在北京市调研指导
新型冠状病毒肺炎疫情防控工作时强调

打赢疫情防控阻击战，重点在"防"。现在到了关键的时候，必须咬紧牙关坚持下去。要紧紧依靠人民群众，充分发动人民群众，提高群众自我服务、自我防护能力。

——2020年3月10日，习近平赴湖北省武汉市
考察疫情防控工作时强调

2022年5月5日，中共中央政治局常务委员会召开会议，分析当前新冠肺炎疫情防控形势，研究部署抓紧抓实疫情防控重点工作。会议强调，要紧紧依靠人民群众打好人民战争。

习近平总书记反复强调，打赢疫情防控这场人民战争，必须紧紧依靠人民群众。目前全球疫情仍处于高位，病毒还在不断变异，疫情的最终走向还存在很大不确定性，疫情防控仍然是当前的首要任务和头等大事。要实现用最小代价最快速度阻断疫情蔓延、实现"动态清零"目标，早日打赢疫情防控这场人民战争，必须紧紧依靠广大人民群众。当前，我国疫情防控工作正处于"逆水行舟、不进则退"的关键时期和吃劲阶段，疫情防控工作没有局外人，人人都是疫情防控的"主力军"。

紧紧依靠人民群众打好人民战争，重在全民动员、全民参与其中。疫情防控，不仅是各级党委、政府的事，更是一场人民战争。要打好这场人民战争，必须发动群众、依靠群众、相信群众，每一个人都必须行动起来，加强自防自控、严防严控、群防群控，这也是每一位公民应承担的责任和义务。战疫抗疫的前线是"主战场"，群防群控的后方是"主阵

地",无论是前线,还是后方,都必须共同发力,人人起而行之保小家为大家。总之,要坚持一切为了群众、一切依靠群众,从群众中来、到群众中去,切实凝聚起战胜疫情的强大合力。

在实际工作和干部队伍中,仍然存在着一些违背党的性质和宗旨、群众反映强烈的突出问题。一是官僚主义仍在不同程度上存在。有的官气十足,高高在上,对群众呼声置若罔闻,对群众疾苦麻木不仁;有的作风粗暴,专横跋扈,办事不公,严重的甚至强迫命令,欺压百姓;有的精神懈怠,不思进取,对工作不负责任,照抄照搬、被动应付,得过且过、效能低下;等等。二是形式主义也在不断变换形式。有的习惯于漂浮在上,方案计划一大堆,实际工作不落实;有的喜欢做表面文章,工作过程很热闹,实际问题没解决;有的热衷于迎来送往,没有精力抓工作、抓落实;有的贪图名利,弄虚作假,搞"形象工程""政绩工程";等等。三是享乐主义的思潮尚未根除。有的热衷于讲排场、比阔气,铺张浪费;有的留恋于灯红酒绿、吃喝玩乐的生活方式;有的甚至见利忘义、以权谋私,违法乱纪、腐化堕落;等等。四是文牍主义在一些地方仍然严重。有的习惯于以会议落实会议,以文件落实文件,文山会海,以假话、空话、大话、套话为特点的会风、文风远未绝迹,等等。这些也是严重的形式主义。出现这些问题,有多方面原因。就客观方面来说,既有"官本位"意识积淀的历史原因,又有联系群众机制不健全的现实原因;就主观方面来说,既有少数人理想信念动摇、宗旨观念淡薄的原因,又有相当数量的人是思维方式陈旧、工作方法简单的原因。不管什么原因,这些问题的存在严重损害了群众利益,严重影响了党和政府形象,必须下大力气加以解决。

坚持群众路线,首先要信仰群众路线、高扬群众路线。思想是行动的先导，也是贯彻党的群众路线、开展群众工作的基本前提。要加强对干部的马克思主义群众观点与群众路线的再教育活动，通过群众路线再教育，使干部牢固树立宗旨意识和马克思主义群众观点，真正从思想上解决好"我是谁、为了谁、依靠谁"的问题。同时要坚持与时俱进，适应新时期新阶段开展群众工作的新要求、新特点，牢固树立以人为本、人民至上的理念，把满足人民群众日益增长的物质文化需要作为工作的出发点和落脚点，坚持一切为了群众、一切依靠群众，从群众中来，到群众中去；牢固树立民主法治、公平正义的理念，通过民主协商、依法办事，统筹兼顾，协调利益矛盾，化解群众纠纷，公平对待各个群体的群众的利益需求，让发展的成果全面惠及最广大的人民群众；牢固树立社会的理念，积极培育公民精神，充分发挥社会组织在贯彻党的群众路线、开展群众工作中的作用。党员领导干部要坚决克服工作中的不良倾向：一是反对包办主义、替民作主的倾向，真正发动和依靠广大人民群众为实现自身的福祉而奋斗；二是反对民粹主义、迎合群众倾向，防止把群众的胃口吊得太高，陷于福利主义的泥潭；三是反对实用主义、摆平群众倾向，防止重利轻义、重堵轻疏，把群众工作仅仅当作维护稳定的方式和手段；四是反对命令主义、强迫群众的倾向，违背群众意愿，甚至与民争利，欺压百姓，损害群众利益；等等。

（二）因势利导、积极作为，拿出切实举措

群众路线的落实是具体的而不是抽象的，是发展的而不是静止的，需要把握总体形势，顺势而为，使形势向着最有利于目标实现的方向发展，成为必然现实。习近平总书记指出："要深入研究和准确把握新形势下群众工作的特点和规律，改进群众工作方法，提高群众工作水平。信访是送上门来的群众工作，要通过信访渠道摸清群众愿望和诉

求，找到工作差距和不足，举一反三，加以改进，更好为群众服务。领导干部要学网、懂网、用网，了解群众所思所愿，收集好想法好建议，积极回应网民关切。"①这些论述，为我们当前贯彻党的群众路线指明了方向。

当前，群众工作能力不适应形势需要的情况，在党员领导干部中仍然比较突出。面对新时期新阶段坚持和贯彻群众路线的新形势、新特点，由于我们的观念、方式、能力没有及时跟上时代的变化，导致一些地方的群众工作方法保守、方式呆板，缺乏想象力，缺乏创造性。一些领导干部只会利用组织或行政资源联系群众，离开了这些资源，就不会与群众打交道；一些领导干部只会机械地通过物质满足的方式联系群众，缺乏对群众真实需求的洞察，缺乏与群众的感情交流；一些领导干部在"摆平就是水平、搞定就是稳定"的实用主义观念影响下，重利轻义，重堵轻疏，只能用金钱解决问题，没有从源头上化解长期积累的利益矛盾；一些领导干部不善于利用网络媒体与群众打交道，少数干部在网络上要么失语、要么"雷语"，加上工作方法简单生硬，丧失引导信息传播的主导力；一些领导干部面对群众利益诉求多元、民主平等意识增强的新情况，仍然习惯于传统说教和命令，不会用民主协商和对话的方式消解社会紧张；一些领导干部深入群众不多，缺乏直接面对群众工作的实际锻炼，对群众没有感情，不懂群众语言，把握不准群众的思想脉搏，抓不准群众诉求的核心问题，在实际工作中难以有效解决矛盾；等等。习近平总书记指出："要群众信任，决不仅仅靠权力，更主要的是靠你的人格魅力和工作能力，靠你做群众工作的方法和本领。在开展群众工作方面，我们有的领导干部确实比较欠缺，不懂得如何积极主动地维护好群众的

---

① 《筑牢理想信念根基树立践行正确政绩观　在新时代新征程上留下无悔的奋斗足迹》，《人民日报》2022年3月2日。

合法权益，切实做好宣传思想工作，甚至不会说话，语言表达苍白无力。有的同志自嘲：与新社会群体说话，说不上去；与困难群众说话，说不下去；与青年学生说话，说不进去；与老同志说话，给顶了回去。很多场合，我们就是处于这样一种失语的状态，怎么能使群众信服呢？"①总之，如何提高党员干部做好群众工作的能力素质，增强群众工作本领，是新形势下贯彻群众路线、做好群众工作的迫切要求。

新形势下坚持和贯彻群众路线，领导干部既要提高对群众工作重要性的认识，更要掌握群众工作的方式方法，拿出实招和举措，提高做好群众工作的能力。群众工作能力涉及许多方面，但就目前干部能力状况而言，需要在五个方面采取措施加以提升。一要提高与群众接触和沟通的能力。要经常深入到群众中去，深入到问题和矛盾集中的地方去，在与群众面对面的接触和沟通中，学会"群众语言"，增进与群众的感情，提高与群众打交道的能力。二要提高协调关系和化解矛盾的能力。要运用过去形成的行之有效的方法和现代科学的理论和方法，化解群众的不满情绪和各种矛盾，有效增强党与人民群众，以及人民群众之间的团结和谐。三要提高防范和处置群体性事件和突发事件的能力。要及时发现各种倾向性的苗头问题，及时消除各种可能导致突发事件的隐患。一旦发生群体性事件，要"早说话，说真话，会说话"，"不失语，不妄语，不乱语"，及时有效地加以处置，确保社会安定稳定。四要提高运用信息网络等新媒体的能力。要深入研究网上舆论引导的特点和规律，积极运用通信平台和信息媒介，广泛使用移动电视、手机报、短信、微博等新兴媒体，建立各级党政机关和群众之间、党员干部和群众之间联系的直接通道。五要提高运用社会化手段开展群众工作的能力。要充分发挥人大代表、工青妇等人民团体为本阶层、本群体群众在表达利益、维护利益

---

① 参见《习近平强调：要让群众信任　决不仅仅靠权力》，《人民日报》2005年5月30日。

中的作用。要提高群众的组织化水平，重视新社会组织工作，提高党对新社会组织的影响力，充分发挥社会组织在群众中的沟通协调、促进和谐的作用。

（三）持续发力，久久为功

坚持党的群众路线，说到底，必须以最广大人民根本利益为我们一切工作的根本出发点和落脚点，坚持把人民拥护不拥护、赞成不赞成、高兴不高兴作为制定政策的依据，顺应民心、尊重民意、关注民情、致力民生，激励人民更加自觉地投身中华民族伟大复兴事业。习近平总书记指出："抓民生要抓住人民最关心最直接最现实的利益问题，抓住最需要关心的人群，一件事情接着一件事情办、一年接着一年干，锲而不舍向前走。"[①]他在党的二十大报告中强调，共同富裕是中国特色社会主义的本质要求，也是一个长期的历史过程。我们坚持把实现人民对美好生活的向往作为现代化建设的出发点和落脚点，着力维护和促进社会公平正义，着力促进全体人民共同富裕，坚决防止两极分化。

驰而不息地改进作风，是坚持好党的群众路线的重点。作风体现党的形象，关乎党的生命。作风不正，形象不会好，必然脱离群众、脱离实际，损害党和政府在群众中的公信力。作风问题涉及许多方面，但人民群众感受最直接的是领导机关和领导干部的工作作风。习近平总书记指出："工作作风上的问题绝对不是小事，如果不坚决纠正不良风气，任其发展下去，就会像一座无形的墙把我们党和人民群众隔开，我们党就会失去根基、失去血脉、失去力量。"[②]现在，群众反映的最大工作作风方面的问题，尽管有多种多样的表现形式，概括起来，就是形式主义、官僚

---

① 《习近平总书记系列重要讲话读本》，人民出版社、学习出版社2014年版，第113页。
② 《习近平谈治国理政》第1卷，外文出版社2018年版，第387页。

主义和享乐主义。党的十八大召开之后，中央政治局发布了关于改进工作作风、密切联系群众的八项规定。这八项规定，针对的都是群众长期反映强烈的现实问题，因此深受欢迎，深得人心。中央领导率先垂范，各级党组织认真贯彻执行，改进工作作风的八项规定取得了阶段性成效，为建设清明政治开了一个好头。但是，也有人怀疑这次改进工作作风会不会又是"一阵风"，难以持久。事实证明，通过群众路线教育实践的长期化和制度化，"照镜子、正衣冠、洗洗澡、治治病"正成为干部改进作风的新常态，领导机关和领导干部中存在的作风不实、不正、不廉的问题得到了有效整治。

不断加强制度建设，把制度的笼子扎密扎实，是坚持党的群众路线的重要保障。制度问题更具有根本性。在新形势下，必须健全和完善群众工作的制度体系，为贯彻群众路线、开展群众工作提供根本的保证。一是要健全和完善民主决策制度。要建立健全科学民主的决策制度，完善决策程序，加强决策咨询、社会听证，广泛听取群众意见，做到重大决策没有兼顾各方利益的政策不出台、得不到大多数群众赞成的政策不出台、与民争利的政策不出台，防止因政策措施制定不当给群众利益造成损失，引发群众的不满。二是健全和完善民主协商制度。建立和完善协商民主制度和工作机制，疏通协商民主的渠道，扩大协商民主的范围，推进协商民主广泛、多层、制度化发展，减少政府与群众在建设与发展中引发的矛盾。三是要健全和完善民主监督制度。要大力推进党务公开、政务公开、厂务公开、村务公开和公共事业单位办事制度公开，完善权力公开的机制，构建完善的民主监督体系，推进权力运行的公开化、规范化，提高权力运行的透明度和公信力。四是健全和完善民主管理制度。进一步健全民主参与制度，丰富民主形式，拓宽民主渠道，从各个层次、各个领域扩大群众有序政治参与，广泛动员和组织人民依法管理经济、文化和社会事务。五是健全和完善干部制度。要进一步完善群众测评制度，把群众的认可度作为考核领导干部德能勤绩的重要依据，把群众工作状况作为领导干部考核的重要内容。在干部的选拔任用和交流上，要进一步扩大群众参与度，关注干部的群众口碑，真正使那些素质高、能力强、群众公认的干部得到重用，树立起正确的选人用人导向。六是健全和完善联系群众服务群众的各项制度。要严格执行领导干部接访下访群众制度、领导干部联系基层和群众制度，建立健全联系群众的保障机制等。七是要强化服务型基层党组织建设。以服务群众、做群众工作为主要任务，加强基层服务型党组织建设，使基层党组织在功能定位上、工作重心上、工作方式上，真正转变到服务群众上来，在服务中最大限度地形成对群众的动员力、对社会的凝聚力。

最后，需要强调的是，坚持党的群众路线，终究要靠给群众解决实际问题来体现。为群众排忧解难、解决现实问题，是解开群众的思想疙瘩、赢得群众的理解和信任的关键，也是最实际、最普遍、最有效的群众工作。群众是最讲实际的，不解决群众的实际问题，就难以取得群众的信任，群众工作也难以取得实际效果，甚至还会适得其反。坚持和贯彻群众路线，必须从解决人民群众最关心、最直接、最现实的利益问题出发，既要解决那些关系全局的问题，也要解决群众生产生活中的各种问题，包括吃穿住行、子女教育、社会治安、水电供应、就医看病等各种民生问题，为群众办实事、解难事，切实维护群众的合法权益，从而实现人民群众的根本利益和长远利益。

第二章

宣传群众、教育群众

中国共产党是中国工人阶级的先锋队，同时是中国人民和中华民族的先锋队，具有全方位的先进性。习近平总书记指出："我们要适应新形势下群众工作新特点新要求，深入做好组织群众、宣传群众、教育群众、服务群众工作……始终与人民心连心、同呼吸、共命运。"①共产党员特别是党员领导干部要善于发挥政治凝聚力和思想引领力，提高宣传群众、服务群众的能力水平，教育引导人民群众，把党的正确主张变为群众的自觉行动，转化为改造世界的强大力量。

一、宣传教育群众体现了党的先进性

恩格斯指出："一个民族要想站在科学的最高峰，就一刻也不能没有理论思维。"②宣传思想工作是党的工作的重要组成部分，具有鲜明的马克思主义政党特色，核心是体现党的先进性，用党的创新理论武装广大人民群众的头脑。从贯彻群众路线的角度来说，宣传思想工作就是群众工作，承担着宣传群众、服务群众、动员

---

① 《十八大报告辅导读本》，人民出版社2012年版，第11页。
② 《马克思恩格斯选集》第3卷，人民出版社2012年版，第875页。

群众的重要使命，对于坚持和巩固马克思主义在意识形态领域指导地位，促进社会主义物质文明、精神文明、政治文明和生态文明协调发展，提高党的领导水平和执政水平有着重要意义。

（一）使党的正确主张变为群众的自觉行动

教育引导群众是马克思主义群众观的本质要求。马克思主义认为，人民群众是历史的主体和创造者，历史活动是群众的事业。然而，在长期的社会发展过程中，人民群众是被压迫和剥削的社会底层，他们自身有经济条件、文化水平和政治参与意识的局限。因此，列宁认为："工人本来也不可能有社会民主主义的意识。这种意识只能从外面灌输进去。"[①]列宁这里所说的"灌输"，从某种意义上说就是教育引导，即通过宣传、教育、引导、启发的方式才能把社会主义思想和政治自觉性灌输到无产阶级群众中去。而如果没有先进的共产党的灌输和唤醒，没有共产党的教育和引导，工人阶级就不能认识到自己的历史使命，无法团结起来，施展出强大的力量。

📖 延伸阅读

毛泽东:《关于领导方法的若干问题》(节选)

我们共产党人无论进行何项工作，有两个方法是必须采用的，一是一般和个别相结合，二是领导和群众相结合。

任何工作任务，如果没有一般的普遍的号召，就不能动员广大群众行动起来。但如果只限于一般号召，而领导人员没有具体地直接地从若干组织将所号召的工作深入实施，突破一点，取得经验，然后利用这种经

[①] 《列宁选集》第1卷，人民出版社2012年版，第317页。

验去指导其他单位，就无法考验自己提出的一般号召是否正确，也无法充实一般号召的内容，就有使一般号召归于落空的危险。

只有领导骨干的积极性，而无广大群众的积极性相结合，便将成为少数人的空忙。但如果只有广大群众的积极性，而无有力的领导骨干去恰当地组织群众的积极性，则群众积极性既不可能持久，也不可能走向正确的方向和提到高级的程度。

在我党的一切实际工作中，凡属正确的领导，必须是从群众中来，到群众中去。这就是说，将群众的意见（分散的无系统的意见）集中起来（经过研究，化为集中的系统的意见），又到群众中去作宣传解释，化为群众的意见，使群众坚持下去，见之于行动，并在群众行动中考验这些意见是否正确。然后再从群众中集中起来，再到群众中坚持下去。如此无限循环，一次比一次地更正确、更生动、更丰富。这就是马克思主义的认识论。

从群众中集中起来又到群众中坚持下去，以形成正确的领导意见，这是基本的领导方法。

坚持虚心向人民群众学习，集中群众的智慧和经验。要当好先生首先要当好学生，我们党在百年奋斗历程中始终坚持向人民群众学习。1930年，毛泽东在《反对本本主义》中指出，当领导者碰到困难的时候，应该"迈开你的两脚，到你的工作范围的各部分各地方去走走，学个孔夫子的'每事问'，任凭什么才力小也能解决问题"[1]。在人民面前，党员干部必须端正态度，自觉地拜人民为师，要习惯于向能者求教，向智者问策。当然，人民群众的意见是分散的，既包括正确的意见也包括不正确的意见，不同的群体也会出现相互冲突的意见。这就需要我们认真地分析、细致地

---

[1] 《毛泽东选集》第1卷，人民出版社1991年版，第110页。

思考，整合出符合最大多数群众的利益的意见，对不正确的意见要进行耐心的解释、说明、讨论，做到态度真诚。

在与人民群众的交流中，充分尊重人民群众所表达的意愿，善于在吸收人民群众意见的基础上，总结形成正确的路线、方针、政策。根据群众的觉悟程度，去教育、引导和启发群众。群众的觉悟来源于对党的方针政策的理解和认同。一方面，我们的工作不能超过群众的觉悟程度，违背群众自愿的原则，否则必然脱离群众；另一方面，我们的工作也不能落后于群众的觉悟程度或者反映落后分子的意见。超过群众的觉悟程度是脱离群众的，落后于群众的觉悟程度也是脱离群众的，是错误的。因此，我们作决策、定政策，要充分考虑群众利益和实际需求，统筹协调各方面利益关系，既要反对超越群众觉悟程度的命令主义，也要反对落后于群众觉悟程度的尾巴主义。

坚持宣传好党的路线方针政策，使党的正确主张变为人民群众的自觉行动。在宣传党的方针政策的过程中，应注意以下方面。首先，要与人民群众思想情感相通，使人民群众充分认识到党的一切主张都是为了实现好、维护好、发展好最广大人民群众的根本利益。其次，要向人民群众解释清楚一些重大问题和关键环节，如党的路线方针政策是什么，为什么要制定这样的路线方针政策，贯彻执行这样的路线方针政策会给群众带来哪些好处，等等。最后，党员干部要带头维护和执行好党的路线方针政策，从而带动引导群众，把党的正确主张变为群众的自觉行动。

宣传群众、教育群众，要始终坚持把积极主动地引导群众共同团结奋斗摆在突出位置，动员激励群众凝心聚力谋发展。一切为了群众，不是奉行民粹主义，做群众的尾巴，消极被动地跟在群众后面亦步亦趋、无所作为，也不是做旁观者对群众指手画脚，而是要积极主动地引领群众，走在群众的前面教育引导群众为自身的共同利益、根本利益和长远利益而奋斗。要把宣传思想文化工作的党性和人民性统一起来，把党的目标与群众利益结合起来，引导群众知晓自身利益所在，让各族群众认识到党为之奋斗的事业就是各族人民的共同利益、根本利益和长远利益，激励各族群众为国家富强、民族振兴、人民幸福的中国梦而团结奋斗、共同奋斗、不懈奋斗。

（二）宣传工作本质上就是做群众工作

群众路线是我们党的生命线和根本工作路线，做宣传工作本质上就是做群众工作。从发动工农群众开展革命斗争，城市罢工、罢市、罢课，到深入农村开展农民暴动和武装斗争，从延安时期宣传动员群众开展大生产运动，到解放战争时期宣传动员群众支援前线，从新中国成立以后宣传发动群众进行社会主义改造、抗美援朝，再到改革开放以来宣传发动群众推进中国特色社会主义建设，宣传发动群众伴随着我们党从小到大、从弱到强、从胜利走向胜利，贯穿中国革命、建设、改革各个历史时期，是党的一大优良传统和制胜法宝。

新民主主义革命时期，我们党强调宣传教育工作就是要让群众知道自己的利益、自己的任务，并通过深入细致的宣传唤醒了"工农千百万"，推翻了"三座大山"，成立了新中国。1921年中国共产党正式成立，首先就注重对群众的教育引导。党的一大通过的《中国共产党第一个纲领》明确规定："本党承认苏维埃管理制度，把工农劳动者和士兵组织起来，并承认党的根本政治目的是实行社会革命。"[①] 这规定了中国共产党的任务是组织工农劳动者和士兵，对其进行共产主义教育，通过马克思列宁主义教育去启发群众的革命觉悟。到1925年1月党的四大的时候，党对过去的宣传教育工作进行了总结。党的四大明确规定："支部的工作，不能仅

---

① 《中共中央文件选集》第1册，中共中央党校出版社1989年版，第3页。

限于教育党员，吸收党员，并且在无党的群众中去煽动和宣传，帮助他们组织俱乐部，劳动学校，互助会……。支部在一个企业中，应当时常善于利用企业主和其使用人之压迫工人或冲突或致于罢工……的机会，去宣传工人群众，促成他们阶级的自觉。"①这从制度上将教育引导群众明确规定为基层党组织的基本任务。

从1927年第一次大革命失败到1937年全面抗战爆发，中国共产党创立了中国工农红军，建立了专门的政治工作部门，将支部建在连上，加强了党对军队士兵的教育引导；建立了革命根据地，成立了工农兵政府，系统而及时地了解群众的思想动态，开展对群众的教育引导工作。从1937年全面抗战爆发到1949年中华人民共和国成立，中国共产党领导中国人民取得了全民族抗战的伟大胜利，推翻了帝国主义、封建主义、官僚资本主义三座大山，党对群众的教育引导工作在组织上和理论上都有了显著的发展和创新。1938年5月底6月初，毛泽东在延安抗日战争研究会上作了《论持久战》的长篇演说，阐明了教育引导群众在战争中的巨大作用："如此伟大的民族革命战争，没有普遍和深入的政治动员，是不能胜利的。"②1945年党的七大召开，毛泽东在《论联合政府》的政治报告中提出了"掌握思想教育，是团结全党进行伟大政治斗争的中心环节"的科学论断，并明确要求："教育每一个同志热爱人民群众，细心地倾听群众的呼声，每到一地，就和那里的群众打成一片，不是高踞于群众之上，而是深入于群众之中；根据群众的觉悟程度，去启发和提高群众的觉悟，在群众出于内心自愿的原则之下，帮助群众逐步地组织起来，逐步地开展为当时当地内外环境所许可的一切必要的斗争。"③

---

① 《中共中央文件选集》第1册，中共中央党校出版社1989年版，第380—381页。
② 《毛泽东选集》第2卷，人民出版社1991年版，第480页。
③ 《毛泽东选集》第3卷，人民出版社1991年版，第1095页。

社会主义革命和建设时期，随着国家政权的建立，中国共产党由革命党转变为执政党，党的基层组织全面地覆盖于社会各领域，党在战争年代创立的教育引导群众的优良传统在全国范围内得以发扬光大，并且随着社会主义建设的发展而发展。我们党宣传和动员广大群众投身社会主义改造，迅速恢复国民经济，点燃了全国人民"建设一个新世界"的壮志豪情。1950年到1956年，各级党组织结合抗美援朝大力进行了爱国主义和国际主义教育，肃清亲美、崇美、恐美思想。结合"三反""五反"运动，开展了反对资产阶级思想腐蚀的教育，同时还开展了工人阶级当家做主人的启蒙教育、过渡时期总路线教育等。从20世纪60年代开始，在党中央的领导下各级党组织创造了许多教育引导的好方式，如"树立标兵""典型引路"的工作方法，同时还大力宣传先进精神和事迹，如雷锋精神、焦裕禄事迹、"铁人"精神等。

改革开放和社会主义现代化建设新时期，我们党宣传推广了一大批从群众中涌现的改革典型，极大地解放了思想，激发了广大群众的实践热情，推动了波澜壮阔的改革开放进程，党对群众的教育引导工作进入新的历史时期。在指导思想上拨乱反正，提出要完整、准确地领会毛泽东思想体系，开展了"实践是检验真理的唯一标准"的讨论，纠正了"两个凡是"的错误思想，教育引导工作从"以阶级斗争为纲"转到为社会主义"四化"建设服务的正确轨道。党的十二大报告指出，我们在建设高度的物质文明的同时，一定要努力建设高度的社会主义精神文明，要用无产阶级思想体系——共产主义思想——来教育和武装人民群众，使他们发挥出建设社会主义现代化强国的积极性和创造性。2002年，党的十六大报告总结了13年来的10条基本经验，第一条就是："坚持用马克思列宁主义、毛泽东思想和邓小平理论武装全党、教育人民，不断解放思想、实事求是，与时俱进、开拓创新。"党的十七大报告明确提出："充分发挥基层党组织推动发展、服务群众、凝聚人心、促进和谐的作用。"

党的十八大以来，以习近平同志为核心的党中央对教育引导群众工作提出了新要求，宣传群众无论是理念、对象、途径、手段、方式和方法都有新的发展。习近平总书记始终强调，意识形态工作是党的一项极端重要的工作。要做好意识形态工作，就必须巩固马克思主义在意识形态领域的指导地位，巩固全党全国人民团结奋斗的共同思想基础，必须坚持党性和人民性的统一，把服务群众同教育引导群众结合起来，把满足需求同提高素质结合起来。要始终坚持以人民为中心的发展思想，把人民对美好生活的向往作为奋斗目标，大力宣传新时代是奋斗者的时代，激励群众"撸起袖子加油干"，汇聚亿万人民建设中国特色社会主义，实现中华民族伟大复兴中国梦的磅礴力量。

（三）掌握舆论场的主动权和话语权

面对世界百年未有之大变局的加速演进，国内舆论场也发生深刻变化，宣传教育群众的形势与任务复杂严峻，夺取舆论战场的主动权和话语权需要新作为。主要挑战来自三个方面：一是互联网基础上的信息技术的广泛运用，使知识信息无国界急速流动，思想文化交流呈现鲜明的跨国界的特点，使意识形态斗争更趋"短兵相接"。截至2022年6月，我国网民规模为10.51亿，互联网普及率达74.4%。"两微一端"互联网媒体被广泛关注，导致信息传播速度极快，信息量更大。正面信息受到削弱，负面信息受到网友广泛关注，舆情监测难度更大，互联网已成为覆盖广、影响大的大众传媒，成为文化信息的集散地和社会舆论的放大器，同时也成为意识形态领域的主战场。二是群众思想观念、价值取向受外界影响较大。当前各种社会思潮此起彼伏，各种社会力量竞相进发，多样化社会与一元化指导思想并存，传统观念与现代思想正在博弈。个人利益至上和享乐主义滋生等价值观念问题突出，随着改革的深入，各种矛盾和社会现实问题容易引起偏激言论。三是群众的精神需求日益增高。我国已经打赢了脱贫攻坚战，解决了现行政策下的绝对贫困，群众的物质文化需求更高，人民群众的文化需求和消费正在进入一个空前旺盛的时期，人们不再满足于吃饱穿暖，也不简单地满足于听广播看报纸，农村群众精神生活正在向城市现代生活转变，对精神文化的内容、形式、层次要求更高。

与上述挑战相适应，迫切需要党的各级领导干部提升意识形态工作能力。一是增强马克思主义的控制力和导向力。必须牢固树立强烈的阵地意识，坚持指导思想的一元化，认可思想的多样性存在。坚决落实意识形态工作责任制，加强阵地建设和管理，巩固马克思主义在意识形态领域的指导地位，巩固全党全国人民团结奋斗的共同思想基础。二是推进理论创新，增强马克思主义的说服力和战斗力。要从各个方面丰富和发展马克思主义哲学社会科学的基础理论体系。要加强对重大实际问题的理论研究，推出一批有分量、能经世致用的研究成果，科学回答中国特色社会主义实践提出的、干部群众关心的深层次思想理论问题，使我们的理论真正为人民群众所接受、所喜爱，并内化为处世、行世、立世的实际行动。三是加强宣传思想文化阵地建设，增强马克思主义的穿透力和影响力。历史经验告诉我们，宣传思想文化阵地，马克思主义不去占领，各种非马克思主义甚至反马克思主义的思想就必然会去占领。宣传思想文化阵地要守住、占领，要切实加强各级各类宣传阵地建设，形成线上线下、覆盖城乡各个层面的宣传思想文化阵地网络。要通过建立健全行之有效的规章制度，切实加强对各类宣传思想文化阵地的管理，决不给错误言论提供传播渠道。

二、把对群众的思想引导转化为物质力量

尊重群众是由我们党的性质和宗旨所决定的，是我们党的根本态度。要阐明人民之理，增强党的路线方针政策的引领力，增强与群众思想情感相通的感召力；要阐明科学之理，增强党的路线方针政策说服力，讲清楚党的路线方针政策是什么，为什么要制定这样的路线方针政策，贯彻执行这样的路线方针政策会给群众带来哪些好处，等等，为群众谋福祉；要阐明革命之理，增强党的政策的战斗力，焕发群众自觉贯彻党的政策的创造力。

（一）深入了解群众、情感相通

对群众的教育引导必须建立在对现实和群众充分了解的基础之上。中国共产党为了实现自身的生存和发展，首先需要了解群众、融入群众，然后才能教育群众、领导群众。在革命战争年代，党组织一般都不掌握行政权力，特别是在白色恐怖统治下的城市，党组织的处境极其危险和困难，只能进行秘密的地下工作。但是，党组织仍然能够拥有对群众巨大的号召力和影响力。究其原因，就是因为中国共产党密切联系群众，深入了解群众，制定了符合广大人民群众根本利益的政治路线，并通过基层党组织深入细致的教育引导工作渗透到群众当中去。因此，毛泽东说："只有代表群众才能教育群众，只有做群众的学生才能做群众的先生。"[①]

思想上尊重群众、感情上贴近群众，才能从行动上深入群众、工作上依靠群众。毛泽东同志早在《论持久战》一文中就指出，尊不尊重人民群

[①]《毛泽东选集》第3卷，人民出版社1991年版，第864页。

众属于根本态度问题，而不是方法问题或技术问题。习近平同志曾指出，我们"一定要有眼睛向下的决心和甘当小学生的精神，迈开步子，走出院子，去车间码头，到田间地头，进行实地调研，同真正明了实情的各方面人士沟通讨论，从而得到正确的结论"①。民情是国情、社情之首。群众工作就是民情工作。做好群众工作，必须了解群众，要掌握群众在思考什么、在关心什么、最需要解决什么。尤其是在面对新形势和世情、国情、党情发生深刻变化的条件下，如果不能去了解、关注这些情况，不探究这些情况发生变化后的客观规律，就无法做到耳聪目明、心中有数，也就无法判断形势、明确方向，工作就难以有针对性和说服力。

党员干部与群众情感相通，群众的智慧和力量才会涌流。只有充分尊重群众，群众才会全力支持党的事业。"要认真贯彻党的群众路线，思想上尊重群众、感情上贴近群众、行动上深入群众、工作上依靠群众，帮助群众解决生产生活中的实际困难，引导群众不断前进，切实提高新形势下做好群众工作的能力。"②宣传教育工作直接面向社会、面向基层、面向群众，宣传工作中老百姓的分量有多重，宣传工作在老百姓心目中的分量也就有多重。一要尊重群众意愿。无论理论武装、新闻宣传、文艺出版工作，还是思想道德建设、文化事业和产业发展、精神文明创建，宣传思想文化工作贯彻好党的群众路线，必须回答解决好"为了谁"的问题，要始终牢记人民利益高于一切，坚持把为了群众、服务群众作为工作基点和归宿，充分维护群众的基本意愿。二要重视群众关切。紧密联系实际，回应群众关切，是宣传工作生命力所在。要加强重大方针政策、社会热点难点和群众利益关切的理论解读，及时、深入、有效地引导人们正确认识中国特色社会主义经济、政治、文化、社会建设以及生态文

---

① 习近平：《之江新语》，浙江人民出版社2007年版，第154页。
② 《全面准确把握十七届三中全会精神　扎实做好推进农村改革发展各项工作》，《人民日报》2008年
11月11日。

明建设和党的建设的战略构想与实践进程，理顺群众情绪、鼓舞发展士气。三要站稳群众立场。真心为群众着想，是认识和处理群众问题时应该抱有的态度。特别是面对群众不同的观点和声音时，要有宽广的胸怀与度量，冷静思考、认真对待，做好宣传教育和解释工作，不可拍屁股走人，更不能持有那种自以为比群众高明而居高临下、盛气凌人的姿态，这样才能听到真话实话，才能在工作上赢得群众的理解配合。四要研究和了解群众。这是提高宣传群众工作能力和水平的"必修课"。如何与群众感情相通，进一步发挥联系党和群众的桥梁和纽带功能，将自上而下的教育引导与自下而上的表达诉求完美结合，对我们今天了解群众、教育群众、改善党群关系、稳固党的领导意义重大。

（二）维护群众利益、担当作为

群众工作的目标决定了维护群众利益的重要性。中国共产党为了更好地实现对群众的教育引导，就不仅要从价值情感上打动群众，同时也要维护群众利益，以现实的利益满足群众。群众的趋利性使中国共产党对群众的教育引导，必须借助对群众进行利益的诱导和赋予，这是党得以争取群众的关键。早期我们党就认识到，要教育群众争取群众就必须正确对待群众看重现实利益的心理，"有些同志把斗争当作第一位，群众得到好处当作第二位，这种观点是违反群众心理的"[1]。当然，我们应当看到，中国共产党一方面重视群众对物质利益的偏好，但这不是一般意义上的经济诱惑，而是引导群众对属于自己的正当利益的争取。另一方面，中国共产党要求广大党员干部将对精神价值的追求置于对物质利益的需求之上，"人是要有一点精神的，无产阶级的革命精神就是由这里头出来

---

[1] 《苏南抗日根据地》，中共党史资料出版社1987年版，第239页。

的"。①在社会主义市场经济条件下，党组织拥有的人、财、物等方面的决策权和支配权与以往有较大不同，要做好教育引导群众工作，必须以为群众服务为主要任务，在服务群众中教育引导群众。

服务群众不仅是党的根本任务，也是宣传群众工作的根本宗旨。宣传教育工作是否符合群众的需求，要由群众来评判。当前，在一些地方，确实存在着部分群众不愿意看新闻报道、不喜欢听理论解说、不满意思想教育的情况。究其原因，主要是一些地方宣传群众工作没有很好地反映群众心声，新闻宣传、理论工作缺乏说服力和针对性。因此，只有坚持服务群众，才能做到亲切感人，才能增强宣传工作的说服力。一要体恤群众困难。古人说得好，青黄之交当念百姓饥饱，数九之际应记百姓寒暖。宣传教育工作要把群众的困难、疾苦作为心头牵挂，充分发挥党委、政府和人民群众之间的沟通桥梁作用，推动党员干部到群众困难的地方去排忧解难、到群众意见多的地方去理顺情绪、到工作推不开的地方去打开局面。二要满足群众需求。新闻媒体要成为反映民情民意的重要平台，报刊的版面、广播电视的时段要更多地留给人民群众，文艺工作要满足人民群众文化消费多层次、多方面、多样化的要求，文明创建要更加强调服务群众生产生活。三要改善文化民生。深入推进文化惠民工程，把更多的资源、项目投向基层，把更多的服务、实惠送给群众，加快建立覆盖全社会的公共文化服务体系，为群众参与和享受文化生活创造良好条件。

（三）组织领导群众、团结一心

唯有组织化了的群众才能更好地为党所领导，"只有将广大的群众吸

---

① 《毛泽东文集》第7卷，人民出版社1999年版，第162页。

收到革命的组织以内，才能易于领导"[1]。唯有组织化了的群众才有力量，才能真正成为承担社会革命的主体，"人民是有能力的，他们的力量是最伟大的，他们结成了团体，就是所向披靡、天下无敌的常胜军"[2]。因此，对群众而言，"组织就是力量"。解决好"依靠谁"的问题，就是要在思想上、行动上始终把群众摆在宣传思想文化工作的主体地位，充分发挥群众的主体作用，为群众提供舞台、搭建平台，由群众来进行自我宣传、自我教育，从群众中汲取智慧力量，让群众来检验评判，使宣传思想文化工作深深扎根于人民群众沃土之中，永葆旺盛的生机活力。

面对近代以来"一盘散沙"的中国社会，对群众的组织和动员是中国共产党自诞生以来从事社会革命最为重要的任务，而中国共产党成功的关键，正是以自身的意识形态、组织体系和方式自上而下地完成了对中国近代以来碎片化社会的重组。西方学者也深刻意识到中国共产党通过宣传教育来引导群众所取得的成效。"共产党的胜利是因为它能够在长期混乱和外国占领的年代里把农民群众组织起来。在这样的情况下把农民组织起来，这在中国并非新鲜，但新鲜的是应用军事和其他纪律严明的手段，去动员群众来完成管理社会的长期任务。'群众路线'、'民主集中制'之类的口号被纳入了中国现代化的组织原则。中国共产党重组了中国社会。"[3]

通过宣传教育来组织引导群众，关键是要尊重群众主体地位和首创精神，调动好、利用好、发挥好人民群众参与宣传思想文化建设的积极性主动性创造性。群众是人类社会一切创造的源泉，既是宣传思想文化工作的对象，更是宣传思想文化工作的主体。宣传思想文化工作必须紧紧依靠群众，坚持从群众中来，到群众中去，善于发现总结群众的创造，

---

[1] 《湘鄂赣革命根据地文献资料》第1辑，人民出版社1985年版，第445页。
[2] 《毛泽东选集》第2卷，人民出版社1991年版，第171页。
[3] 吉尔伯特·罗兹曼：《中国的现代化》，江苏人民出版社2005年版，第338页。

不断汲取群众的智慧，广泛凝聚群众的力量，让人民群众成为推动科学发展、促进社会和谐、保障改善民生的主体力量，成为推动宣传思想文化事业繁荣发展的主体力量。要完善政策、拓展渠道、丰富载体，千方百计保护好、利用好、发挥好群众参与宣传思想文化建设的热情，畅通各族群众投身宣传思想文化建设的途径，让各族群众的精神文化创造活力竞相迸发、充分涌流，共建共享宣传思想文化事业发展成果。要积极利用好农牧民宣讲员、群众自办文化活动等有效载体，让群众自己讲、讲自己，自己演、演自己，让群众自我创造、自我宣传、自我教育、自我提升，使宣传思想文化工作在群众的生动实践中焕发出强大的创造力、感染力、生命力。

三、依据时代特点教育、引导和启发群众

坚持党的群众路线，需要宣传教育群众，而用马克思主义在中国发展的成果武装全党、教育人民，是宣传思想工作的首要任务。习近平总书记在十八届中央政治局第一次集体学习时强调，"我们要适应新形势下群众工作新特点新要求，深入做好组织群众、宣传群众、教育群众、服务群众工作……始终与人民心连心、同呼吸、共命运"[1]。要着眼群众的根本利益和觉悟程度，去教育、引导和启发群众，把解决思想问题和解决实际问题相结合起来，运用多种宣传教育方式和手段，积极推进宣传教育的通俗化、大众化。

（一）善用群众的语言做群众工作

要善用群众的语言做群众工作。语言的背后是思想、是感情、是立

---

[1] 《十八大报告辅导读本》，人民出版社2012年版，第11页。

场，不会运用群众语言，本质上还是严重疏离群众，对群众缺乏感情。要多用大白话、大实话来解疑释惑，用讲故事、谈心的方式来阐明道理，通过富有时代气息的表达拉近与群众的距离。

要善用群众的语言做群众工作，就要始终坚持把反映群众心声放在突出位置，努力为群众谋福祉。宣传思想文化工作必须坚持以人民为中心的新闻报道导向和文化创作导向，聚焦人民群众，以满足群众的利益需求为出发点，以群众的心愿呼声为第一信号，把体现党的主张与反映人民心声统一起来，把坚持正确政策导向与通达社情民意统一起来，更好地架起党和政府联系人民群众的桥梁。要站在人民群众的立场上，深入体察群众所思所想所盼，把更多的镜头版面对准基层，说群众想说的话，讲群众爱听的故事，让报道、反映各族群众的呼声与愿望成为宣传工作的主题。切实做好对热点、难点问题的解疑释惑，反映群众心声，回应群众关切，把宣传思想文化工作做到群众的心坎上，使之更好地服务群众。

要善用群众的语言做群众工作，就要始终坚持向群众汲取智慧灵气和营养力量，从各族群众实践中获取宣传思想文化工作的不竭动力。群众处在实践第一线，对事物的观察、对情况的了解最细致、最透彻、最深刻。宣传什么、怎么宣传，表现什么、怎么表现，群众最有切身感受，最有发言权，也最有智慧、最有创造力。宣传思想文化工作者如果不深入群众，而是"闭门造车""唱独角戏"，就难以作出科学的决策、提出有说服力的理论、采写出感人的报道、创作出优秀的作品，就难以让群众喜闻乐见、入脑入心，产生应有的效果。只有深入基层、深入群众，从群众中获取第一手材料，向群众学习鲜活生动的语言，从老百姓朴素的话语中提炼闪光的思想，从民间鲜活的艺术中萃取创作的元素，从基层的生动实践中探寻打开工作思路的钥匙，才能使宣传思想文化工作接地气、有灵气、富有精气神，才能发挥好武装人、引导人、塑造人、鼓舞人的作用。

随着网络技术的迅猛发展，如何在网络上占领高地、把握导向、凝聚民众，是各级干部必须面对和思考的历史性课题。一要借鉴互联网思维，应用互联网平台，依据大数据，借力云计算，上网接地气，传达党的主张，弘扬新风正气，凝聚群众，统一思想，创新和加强党的宣传思想工作。二要依靠群众用好自媒体、全媒体。只有真心实意尊重群众、依靠群众，主动感知群众的生活与期盼，回应群众的关切与诉求，找到宣传思想工作与群众心声的共鸣点，让群众参与进来，形成自媒体"独唱"汇聚为全媒体"合唱"的生动局面。三要掌握和运用好论坛、微博、微信、客户端等信息工具，把群众的期盼作为我们努力的方向，把群众的满意作为我们工作的出发点和落脚点，发挥传统媒介的宣传优势，形成网上网下的良好互动。要融入群众，更加关注他们的精神困惑，更加注重他们的参与互动与分享体验，用科学、民主、平等、包容的态度，引领群众通过网络媒介的教育示范转化为现实生活的行动自觉。总之，发动群众广泛参与，使群众成为新时期宣传思想工作的主力军，切实做到"三贴近"，唱响主旋律，传播正能量。

以案说理　在我们党的历史上有很多做群众工作的生动口号

我们党在宣传群众方面是行家里手，在历史上提出过很多做群众工作的著名口号，如"星星之火，可以燎原""没有调查，没有发言权""自己动手，丰衣足食""为人民服务""大兴调查研究之风"等。

如今，做群众工作的许多生动口号仍然就在我们身边。如关于贯彻群众路线的有：从群众中来，到群众中去；人民群众是我们党的力量源泉和胜利之本；党的群众观点、群众立场、群众路线始终是我们党安身立命的根本；千难万难，做好群众工作都不难；为人民群众做好事，办实事，解难题；发展为了人民群众、发展依靠人民群众。关于宣传群众、教育群众的有：与人民群众恳谈对话、为人民群众排忧解难；当好政策宣传员、矛盾调解员、心理咨询员。关于做群众贴心人的有：深入群众问冷暖，帮助群众解忧愁；进社区、进农村、进企业、进家庭，说知心话、搭连心桥、办热心事；听心声、调心态、解心结、暖心窝；拓宽民意反映途径，畅通群众诉求通道；把群众放在心上，把心放在群众身上。关于向人民群众学习的有：问计于实践、问计于群众；不管是大学生还是研究生，不会做群众工作就是小学生；尊重人民群众的主体地位、尊重人民群众的首创精神。关于运用法治思维做群众工作的有：不让守法的人吃亏，不让违法的人得利；倾听群众诉求、回应群众关切、疏导群众情绪；合理诉求解决到位、无理诉求疏导到位。关于带领群众艰苦奋斗的有：下基层、访群众、解难题、促发展；弘扬求真务实、密切联系群众、艰苦奋斗作风，自觉贴近群众、贴近基层、贴近实际；以干部的辛苦指数换取群众的幸福指数。

要善用群众语言做群众工作，就要始终坚持由群众来检验评判，把人民群众满意不满意作为检验工作的第一标准。群众是精神产品的消费者，也是文化市场的最终评判者。精神产品的生产要面向群众，符合群众的需求。宣传思想文化工作是直接面向群众的工作，做得好不好，只能由群众说了算。要时刻坚持把人民群众拥护不拥护、赞成不赞成、满意不满意作为全部工作的出发点和落脚点，充分考虑和切身感受不同群众的利益需求和承受能力，有利于群众的就干，不利于群众的就不干，决不干劳民伤财、违反群众意愿的事。无论是理论宣传，还是新闻报道，无论是文艺作品、文化服务，还是评选道德模范、精神文明创建工作，都必须始终坚持群众标准，由群众来评判，增加群众的话语权、评判权，不能关起门来搞自我评价、自我认可。

（二）运用多种宣传教育方式和手段

新时代的宣传教育工作，方式方法十分重要，要更加注重群众精神需求的个性化和新媒体时代传播方式的多样化问题。群众的精神需求往往呈现出个性化、差异性、参与性、多样化等特征。宣传思想工作要尊重和关注个体的差异性，尽可能多层次、多视角地满足不同个体的精神文化需求。要扎根基层，掌握新知识、熟悉新领域、开拓新视野，加强传播手段和话语方式创新，从理论武装、舆论引导、思想教育、文化建设、文明培育上下功夫，让党的创新理论"飞入寻常百姓家"；通过分层施教、分众引导，积极吸引群众了解理解支持主流思想舆论，上下团结一心共画同心圆；把社会主义核心价值观贯穿融入社会发展各方面，以"润物细无声"的理念让思想政治教育落细、落小、落到实处，才能使基层宣传思想工作更有基础、更具活力。

在艰苦的革命战争年代，我们党派出的干部走向全国，许多共产党人只身赴任，组织发动群众搞革命、搞发展，支持前方打胜仗，深得群众喜爱和拥戴。例如，延安时期广大文艺工作者和民间文艺爱好者积极响应党的号召，创作编写了一大批宣传抗战和党的政策及歌颂党、歌颂领袖、歌颂人民军队、歌颂新生活、歌颂人民革命斗争的抗战民谣。这些红色民谣具有鲜明的地域特色、时代特色和政治特色。群众利用民谣这种具有普遍性的民间艺术形式宣传和歌颂党的政策方针、抨击一切反动力量，充满了人民群众强烈的政治意识和民族精神，使得无产阶级的话语系统注入了新的政治意识，民众将共产党的政策与切身利益紧密结合起来，增进了党与人民的感情，增强了抗战凝聚力，激励了人民群众听党话、跟党走的决心，同时从中受到教育启发。

中国共产党带领人民打赢脱贫攻坚战，是党教育和引导群众前进的重要实践。从各级党委、政府到社会各界，都投入大量人力、物力、财力，社会各界对贫困群体的关注度也达到了空前的程度。可以说，脱贫攻坚战对于贫困地区和贫困群体而言，都是千载难逢的赶超机遇。但是，在这个过程中，仍然存在宣传教育贫困群众不到位、不得要领的情况，这对广大基层干部来说是一种思考和启示。曾经有一张关于扶贫的图片在网络上走红，一户贫困户的墙上写着："各位领导：本人已脱贫，请不要再来打扰了！"原来，一位基层扶贫干部与他帮扶的贫困户联系好进行回访，扶贫干部还自掏腰包买了一壶油一袋米，私车公用翻山越岭地去当地，却实实在在地吃了个闭门羹，贫困户在墙上给他写下了上述的这段话。显然，这反映因为扶贫工作中一些基层干部没有更多地注意方式方法，帮助脱贫居然成了贫困户的负担，扶贫干部出了力却不讨好。部分贫困群体之所以贫困，除了本身缺乏致富手段外，还缺少对机遇的敏感和把握，这是需要加强宣传教育，特别是有针对性地进行宣传教育来解决的。

土地还是那片土地，可为什么天天"急贫困户所急"的扶贫干部会遇到这种"受累不讨好"的事情呢？原因可能有很多，但关键是群众工作的错位。群众工作不是做业务。2015年脱贫攻坚战正式打响以来，扶贫工作已经成为很多地区、很多部门的中心工作，贫困地区无不将之视作"一号工程"。在具体工作中，一些扶贫干部帮扶贫困户时的宣教工作较为机械，如上门做业务一般，给贫困户算账，为贫困户办理各种政策优惠，给贫困户送各种好处。结果，一些贫困户没有受到教育和触动，反而产生了错觉：扶贫干部是为了完成自己的工作。由此，因为宣传教育的方式方法没有起到相应的成效，贫困户即使得了好处，也会觉得厌烦。这种宣传教育工作方法看似是从贫困群众的需要出发，却没有从根本上调动群众的脱贫积极性，没有让贫困户从根本上实现"要我脱贫"到"我要脱贫"的转变。因此，即使很多扶贫干部"5+2""白＋黑"地忙，苦熬苦干，但结果可能还是上级不满意，群众不满意，自己更是委屈。送出来的脱贫，缺失了宣传教育环节的扶贫，即使贫困户在经济上脱贫了，在思想上仍然贫困。这也启示我们广大干部，宣传教育群众，心要诚，方法要得当，才跟得上时代。

（三）解决思想问题和解决实际问题相结合

要始终坚持把满足群众精神文化需求放在突出位置，大力保障和改善文化民生。党的宣传思想文化工作是为人民群众服务的，为人民群众鼓与呼，为人民群众歌与唱。宣传教育群众工作的重要方式，就是为人民群众提供健康向上的文化产品和文化服务，不断满足人民群众日益增长的精神文化需求。

宣传教育群众的核心，是把党的主张付诸实际交给群众。要宣传得好，就得讲透彻、说明白；要讲透彻、说明白，就得有的放矢，对准群众的需求、对准实际问题。需要产生动机，利益牵动人心。解决群众关心的问题，为他们谋取利益，是最好的联系实际，是最好的联系群众，也才是最成功的宣传。革命战争年代，红军标语作为党在新民主主义革命时期创造的重要宣传形式，遍及各个革命根据地，是非常有特点的，密切联系民众生活实际，发挥了极强的鼓动效用。毛泽东曾提出，红军的宣传工作，是红军第一个重大的工作。红军成立之后，各级军队普遍成立有宣传队。红军每到一地或行军途中，在凡是能写的地方，全部写上标语。红军标语善于将共产党的性质宗旨主张和工农诉求结合起来，具有很强的宣传鼓动和组织动员效果。比如，"打土豪，分田地""不革命的不分田地""杀尽土豪劣绅贪官污吏及一切反动派"等，都发挥了"唤起工农千百万，同心干"的作用。红军标语宣传的内容会根据不同时期党的革命任务进行调整。红军标语之所以效果好，在于其牢牢抓住群众心理。语言上简短活泼，内容上紧贴生活。这也启示我们，做好新时代网络宣教工作，就要增强信息内容的吸引力、感染力和传播力；要坚持用户思维，在选题内容上，紧扣群众需求、贴近日常生活；要坚持至真至诚，用事实说话，潜移默化地开展舆论引导，用老百姓的幸福指数验证。唯有如此，我们的宣传教育工作才能直抵人心、取得实效。

总之，宣传教育群众必先联系群众，首先要找到共同语言和利益共同点。一致的利益关系建立起来了，为群众谋了利益，群众才会自觉地维系这一关系。这就需要在密切联系群众的调查研究中找准他们的利益诉求，寻求共同点。这个过程就是把党的主张具体化、把群众的利益精准化的过程，就是通过走群众路线把工作做具体、做到位的过程。同时，让群众共享改革的成果和发展的利益，也是宣传群众的最佳时机。党的一切政策主张和工作都是为人民群众谋利益的，群众只有分享到利益，才能信服党的主张，宣传才具有实际意义。追求公平公正是人民群众的发展诉求。曾经存在的一大二公、大锅饭等现象，把这种诉求绝对化了，遏制了人的个性和创造能力。改革开放一方面让一部分人先富起来，打破绝对平均；另一方面实现共同富裕，成为改革发展的本质要求，为全社会利益的均衡分配提供了根本指引。宣传教育群众是实际工作，是解决实际问题、谋取实际利益的工作，宣传群众，是尊重群众、为了群众，说到底就是尊重他们的权益并且为他们谋取权益的过程。不解决问题的宣传教育苍白无力，没人听、没人看、没人信，也没人拿它当回事。只有站在群众的立场上，帮助群众解决各种烦恼，放掉心中的废气、邪气、恶气，保持健康的心气和正气，在平心静气中实现自己的正常利益要求。这时宣传教育群众最有效果，群众也会更容易接受主张、依照要求去行事，凝心聚力地创造共同的利益基础，从而实现全社会健康有序地发展。

全心全意为人民服务是党的性质和宗旨的集中体现，为中国人民谋幸福、为中华民族谋复兴是中国共产党人的初心和使命之所在。党的百年历史，就是一部践行党的初心和使命的历史，是一部党与人民心连心、同呼吸、共命运的历史。习近平总书记指出："我们党要做到长期执政，就必须永远保持同人民群众的血肉联系，始终同人民群众想在一起、干在一起、风雨同舟、同甘共苦。"①党的十九届六中全会审议通过的《中共中央关于党的百年奋斗重大成就和历史经验的决议》强调："全党必须永远保持同人民群众的血肉联系，站稳人民立场，坚持人民主体地位，尊重人民首创精神，践行以人民为中心的发展思想。"

一、全心全意为人民服务是党的根本宗旨

在马克思主义发展史上，马克思恩格斯提出了"为绝大多数人谋利益"的思想，列宁提出了"为千千万万劳动人民服务"的观点，中国共产党人提出了"为人民

---

① 《坚持人民至上　不断造福人民　把以人民为中心的发展思想落实到各项决策部署和实际工作之中》，《人民日报》2020年5月23日。

服务"的思想。"为人民服务"的思想是中国共产党人在长期的革命战争和社会主义建设的历史实践中形成的精神财富，涵盖了人类最正义的感情和人生最崇高的价值，成为中国共产党人的政治行为准则和道德原则。新的征程上，我们要全面贯彻以人民为中心的发展思想，推动人的全面发展、全体人民共同富裕取得更为明显的实质性进展。

（一）"为人民服务"思想彰显党的先进性

"为人民服务"思想的提出并成为党的根本宗旨，有一个历史发展过程。1942年，毛泽东在《在延安文艺座谈会上的讲话》中第一次使用了"为人民服务"的概念。1944年9月8日在张思德同志追悼会上，毛泽东以《为人民服务》为题发表演说。在1945年党的七大上，毛泽东对"为人民服务"的思想作了深层次的论述。毛泽东最早使用"全心全意为人民服务"的概念，把全心全意为人民服务的问题提到"唯一宗旨"的高度，并且对"为人民服务"的思想内涵作了系统完整的阐发。他指出，"我们应该谦虚，谨慎，戒骄，戒躁，全心全意地为中国人民服务"①，并把全心全意地为人民服务作为党的优良作风的核心内容之一。在阐述军队性质时，毛泽东使用了"唯一宗旨"的提法，指出："紧紧地和中国人民站在一起，全心全意地为人民服务，就是这个军队的唯一的宗旨。"②在党的七大政治报告中，他全面指出："全心全意地为人民服务，一刻也不脱离群众；一切从人民的利益出发，而不是从个人或小集团的利益出发；向人民负责和向党的领导机关负责的一致性；这些就是我们的出发点。"③"共产党人的一切言论行为，必须以合乎最广大人民群众的最大利益，为最广大人民群众所

① 《毛泽东选集》第3卷，人民出版社1991年版，第1027页。
② 《毛泽东选集》第3卷，人民出版社1991年版，第1039页。
③ 《毛泽东选集》第3卷，人民出版社1991年版，第1094—1095页。

拥护为最高标准。"①这些观点强调了共产党人的责任是向人民负责，每句话、每个行动、每项政策，都要适合人民的利益。至此，"为人民服务"作为毛泽东思想的重要组成部分，成为党的宗旨意识的丰富内涵。

"为人民服务"是党的政治优势和价值立场。首先，"为人民服务"是无产阶级政党区别于任何其他阶级政党的最显著的标志之一。1848年2月《共产党宣言》发表，这是马克思主义创立的重要标志。马克思恩格斯在《共产党宣言》中指出："共产党人的最近目的是和其他一切无产阶级政党的最近目的一样的：使无产阶级形成为阶级，推翻资产阶级的统治，由无产阶级夺取政权。""共产党人不是同其他工人政党相对立的特殊政党。""他们没有任何同整个无产阶级的利益不同的利益。"②在中国共产党的纲领中，"为人民服务"作为共产党员一切言行的根本的价值目标、价值准则，是非常清楚的，也使得共产党与其他一切阶级的政党区别开来。其次，作为价值立场，"一切从人民的利益出发""一切向人民负责"，是全心全意为人民服务思想的精髓所在。"为人民服务"是中国共产党一切工作的出发点和归宿。党的事业，是人民群众的事业；党的队伍，是由人民群众中的优秀分子所组成；党的活动，是以实现人民群众的根本利益为目的。人民群众的根本利益就是社会的整体利益。最后，"为人民服务"是衡量每个共产党员一切言行的最高标准。为人民服务是无产阶级政党先进性的集中表现。毛泽东同志强调要以全心全意为人民服务作为准绳，对党员的思想和行为作出评价。他在《为人民服务》一文中指出，一个人"为人民利益而死，就比泰山还重"。有了全心全意为人民服务的精神，"就是一个高尚的人，一个纯粹的人，一个有道德的人，一个脱离了低级趣味的人，一个有益于人民的人"。③共产党员必须具备这种思想境

---

① 《毛泽东选集》第3卷，人民出版社1991年版，第1096页。
② 《马克思恩格斯选集》第1卷，人民出版社2012年版，第413页。
③ 《毛泽东选集》第2卷，人民出版社1991年版，第1660页。

界和道德追求，把自己看作是"人民的勤务员"和"人民的公仆"。

"为人民服务"的思想将党的先进性要求与广泛性要求相结合，是不断把党的先进意识转变为人民群众普遍意识的重要方式。其中，广泛性要求是先进性要求的基础和前提，是实现先进性要求的起点和依托，它给先进性要求以基础、以条件；先进性要求是广泛性要求发展的方向和趋势，它赋予广泛性要求以榜样、以导向。广泛性要求只有同先进性要求相结合，才能具有明确的方向；先进性要求只有同广泛性要求结合起来，才能具有坚实的基础。对于共产党员和领导干部来说，要求全心全意为人民服务，一切从无产阶级整体利益出发，个人利益服从集体利益，局部利益服从整体利益，眼前利益服从长远利益，大公无私，先公后私，"毫不利己，专门利人"。对于广大普通群众来说，把"为人民服务"作为社会主义道德建设的核心，从不同层次、不同方面对人们提出具体要求，提倡在为人民服务的同时获取合理的个人利益，可以引导广大人民群众从"我"做起，从平凡的岗位做起，从自己身边的事情做起，由低到高、循序渐进地达到"为人民服务"的最高境界。

（二）"为人民服务"是党一贯的政治理念

中国共产党人坚持马克思主义政治立场，把党的宗旨与中国革命、建设、改革实际和时代特征相结合，将为人民服务作为中国共产党始终坚守的初心和使命。1941年11月6日，毛泽东同志在陕甘宁边区参议会演说时就指出："共产党是为民族、为人民谋利益的政党，它本身决无私利可图。"[①]1944年9月8日，毛泽东同志在中央警备团张思德同志追悼会上发表演讲，指出："我们的共产党和共产党所领导的八路军、新四军，是革命的队伍。我们这个队伍完全是为着解放人民的，是彻底地为人民的

---

① 《毛泽东选集》第3卷，人民出版社1991年版，第809页。

利益工作的。"① "中国人民正在受难，我们有责任解救他们，我们要努力奋斗。"② 1945年4月24日，毛泽东同志在党的七大上所作的政治报告指出，"只要我们依靠人民，坚决地相信人民群众的创造力是无穷无尽的，因而信任人民，和人民打成一片"，③ 我们就是不可战胜的。党的七大郑重地把"全心全意为人民服务"的宗旨写进了党章。党的八大通过的党章，在总纲和党员部分，都写入了"必须全心全意地为人民服务"。党的八大进一步强调"党的全部任务就是全心全意为人民服务"。

党的十一大通过的党章中，在党员义务中明确"全心全意为人民服务，不为个人或少数人谋取私利"的要求。党的十二大、十三大通过的党章，继承和发扬了党的七大和八大党章的优点，在总纲部分重申全心全意为人民服务的要求，并把全心全意为人民服务列为加强党的建设、发扬党的优良传统、提高党的战斗力的三项基本要求之一。邓小平同志在中国共产党全国代表会议上讲话指出："我们为社会主义奋斗，不但是因为社会主义有条件比资本主义更快地发展生产力，而且因为只有社会主义才能消除资本主义和其他剥削制度所必然产生的种种贪婪、腐败和不公正现象。"④ 党的十四大、十五大通过的党章，把"坚持全心全意为人民服务"列为党必须坚决实现的四项基本要求之一。江泽民同志在党的十一届三中全会召开20周年纪念大会上的讲话中指出："党的全部任务和责任，就是为人民谋利益，团结和带领人民群众为实现自己的根本利益而奋斗。在任何时候任何情况下，党的一切工作和方针政策，都要以是否符合最广大人民群众的利益为最高衡量标准。"⑤ 党的十六大通过的党章总纲中明确指出：坚持全心全意为人民服务。党除了工人阶级和最广大

① 《毛泽东选集》第3卷，人民出版社1991年版，第1004页。
② 《毛泽东选集》第3卷，人民出版社1991年版，第1005页。
③ 《毛泽东选集》第3卷，人民出版社1991年版，第1096页。
④ 《邓小平文选》第3卷，人民出版社1993年版，第143页。
⑤ 《江泽民文选》第2卷，人民出版社2006年版，第262页。

人民群众的利益，没有自己特殊的利益。党在任何时候都把群众利益放在第一位，同群众同甘共苦，保持最密切的联系，不允许任何党员脱离群众、凌驾于群众之上。胡锦涛同志带领中央书记处同志在西柏坡学习考察时讲话强调："牢记党的宗旨，坚持艰苦奋斗，这两者有着十分紧密的联系。只有牢记全心全意为人民服务的宗旨，才能保持艰苦奋斗的革命意志和革命品格；只有坚持艰苦奋斗，才能更好履行全心全意为人民服务的宗旨。坚持艰苦奋斗，根本目的就是要为最广大人民根本利益而不懈努力，不断把人民群众利益实现好、维护好、发展好。"[1]

习近平总书记在庆祝改革开放40周年大会上讲话指出："我们党来自人民、扎根人民、造福人民，全心全意为人民服务是党的根本宗旨，必须以最广大人民根本利益为我们一切工作的根本出发点和落脚点，坚持把人民拥护不拥护、赞成不赞成、高兴不高兴作为制定政策的依据，顺应民心、尊重民意、关注民情、致力民生。"[2]他强调，着力践行以人民为中心的发展思想，"体现了我们党全心全意为人民服务的根本宗旨，体现了人民是推动发展的根本力量的唯物史观"。

（三）守初心担使命体现党的宗旨

党的十八大以来，习近平总书记始终强调，为人民服务的宗旨体现为中国共产党人的初心和使命。他在十八届中央政治局常委同中外记者见面时提出了"人民对美好生活的向往，就是我们的奋斗目标"的论断，用一种通俗的语言对党的为人民服务根本宗旨进行了具体形象生动的表述和概括。习近平总书记在主持十八届中央政治局第一次集体学习时指出："党和国家的长期实践充分证明，只有社会主义才能救中国，只有中国特

---

① 《胡锦涛文选》第2卷，人民出版社2016年版，第9页。

② 习近平：《在庆祝改革开放40周年大会上的讲话》，《人民日报》2018年12月19日。

色社会主义才能发展中国。只有高举中国特色社会主义伟大旗帜，我们才能团结带领全党全国各族人民，在中国共产党成立100年时全面建成小康社会，在新中国成立100年时建成富强民主文明和谐的社会主义现代化国家，赢得中国人民和中华民族更加幸福美好的未来。"[①]"坚定理想信念，坚守共产党人精神追求，始终是共产党人安身立命的根本。对马克思主义的信仰，对社会主义和共产主义的信念，是共产党人的政治灵魂，是共产党人经受住任何考验的精神支柱。"[②]习近平总书记在参观《复兴之路》展览时指出："每个人都有理想和追求，都有自己的梦想。现在，大家都在讨论中国梦，我以为，实现中华民族伟大复兴，就是中华民族近代以来最伟大的梦想。这个梦想，凝聚了几代中国人的夙愿，体现了中华民族和中国人民的整体利益，是每一个中华儿女的共同期盼。历史告诉我们，每个人的前途命运都与国家和民族的前途命运紧密相连。国家好、民族好，大家才会好。实现中华民族伟大复兴是一项光荣而艰巨的事业，需要一代又一代中国人共同为之努力。空谈误国，实干兴邦。我们这一代共产党人一定要承前启后、继往开来，把我们的党建设好，团结全体中华儿女把我们国家建设好，把我们民族发展好，继续朝着中华民族伟大复兴的目标奋勇前进。"[③]习近平总书记在党的十九大报告中更是鲜明地提出了中国共产党人初心和使命的命题。他特别强调指出："不忘初心，方得始终。中国共产党人的初心和使命，就是为中国人民谋幸福，为中华民族谋复兴。这个初心和使命是激励中国共产党人不断前进的根本动力。全党同志一定要永远与人民同呼吸、共命运、心连心，永远把人民对美好生活的向往作为奋斗目标，以永不懈怠的精神状态和一往无

---

① 《习近平谈治国理政》第1卷，外文出版社2018年版，第7页。
② 《习近平谈治国理政》第1卷，外文出版社2018年版，第15页。
③ 《习近平谈治国理政》第1卷，外文出版社2018年版，第36页。

前的奋斗姿态，继续朝着实现中华民族伟大复兴的宏伟目标奋勇前进。"①

从坚持党的宗旨的角度讲，中国共产党人的初心和使命是一脉相承、一以贯之的，也是承前启后、与时俱进的。因此，中国共产党作为马克思主义政党，有了这样一个特殊的思想道德优势，再加上它的先进的阶级基础、广大的群众基础，它就能够摆脱以往一切政治力量追求自身特殊利益的局限，始终以唯物辩证的科学精神，无私无畏的博大胸怀，敢于做、能够做其他政党和政治力量做不了、做不到的事，敢于战胜强大的敌人，勇于克服各种艰难险阻，带领中国人民创造出一个又一个人间奇迹，在中国近现代历史上为民族复兴伟大事业作出了卓越贡献，为走向人类文明新形态奠定了思想基础。

二、党性与人民性是一致的、统一的

为什么要坚持全心全意为人民服务的宗旨？说到底这是由党的性质所决定的。党性和人民性具有内在一致性。以人为本、执政为民是党的性质和宗旨的集中体现，也是党一贯的政治主张和执政理念。同时，坚持人民性，就是要把实现好、维护好、发展好最广大人民根本利益作为出发点和落脚点，坚持以民为本、以人为本。坚持人民性是党宗旨本质的要求，坚持党性是党的群众路线的重要保证。习近平总书记在党的二十大报告中强调，坚持以人民为中心的发展思想。维护人民根本利益，增进民生福祉，不断实现发展为了人民、发展依靠人民、发展成果由人民共享，让现代化建设成果更多更公平惠及全体人民。

---

① 习近平：《决胜全面建成小康社会　夺取新时代中国特色社会主义伟大胜利——在中国共产党第十九次全国代表大会上的报告》，人民出版社2017年版，第1页。

（一）共同的精神品格

党性和人民性的统一性和一致性，首先体现为中国共产党人和中国人民拥有共同的精神品格。毛泽东同志说过，人是要有一点精神的。"精神品格"是一个人在文化认同基础上产生的精神特质和状况。共产党人的精神品格和境界，就是立党为公、执政为民，全心全意为人民服务，这是共产党人精气神的源泉，彰显了高尚的先进精神追求，凝聚了一系列人格化的伟大精神，既是民族精神的彰显，又是时代精神的主旋律，始终是鼓舞中国共产党人不断前进的巨大精神力量。

历史地看，人民性蕴含着"正心""修身""治国平天下""穷则独善其身，达则兼济天下"的人生理想，党性具有坚持共产主义的目标和实现民族复兴的信仰、信念、信心；人民性推崇"先天下之忧而忧，后天下之乐而乐"的人生情怀，党性强调务必保持谦虚、谨慎、不骄、不躁和艰苦奋斗作风的政治本色；人民性具有"国以民为本""民为贵、社稷次之、君为轻"的思想理念，党性坚持"立党为公、执政为民""权为民所有、利为民所谋、情为民所系"的执政品质；人民性主张"劳而不怨""欲而不贪"的人生态度，党性强调"一身正气两袖清风，一尘不染克己奉公"的诚信态度；人民性有着"知礼义""知辞让""知廉耻""先义而后利者荣、先利而后义者辱"的德行规诫，党性强调"为政以德、知行合一"的优良作风；人民性有着"自强不息、厚德载物"的道路意识，党性强调"牢记初心使命，把握前途命运"的政治修养。

中华民族的精神基因深深熔铸在了中华儿女的血脉之中，也成为中国共产党人精神品质的重要内容。历史不会忘记，中国共产党带领中国人民，经过28年艰苦卓绝的奋斗，推翻了压在中国人民头上的帝国主义、封建主义、官僚资本主义"三座大山"，赢得了新民主主义革命的伟大胜利，建立了新中国，实现了民族独立、人民解放。在这28年里，据不完全统计，约有2000万烈士为民族独立、人民解放和国家富强、人民幸福而牺牲，但是有名可考、收入各级《烈士英名录》的仅有196万。从1921年7月中国共产党成立到1949年10月新中国成立，牺牲的共产党员有几十万人。曾有人在互联网上发过一组照片，题目叫"最美笑容：4位英雄刑场上面对镜头坦然而笑"，展示了中国共产党人坚定信仰、甘为人民牺牲的大无畏精神品格，令人震撼。照片中有抗日英雄邓铁梅、成本华，被国民党反动派杀害的朱大同和王孝和。英烈们慷慨赴死，是党性也是人民性的展现。

一百年来，各族人民团结奋斗，共同努力创造形成了不可战胜的磅礴力量，就是因为共产党人始终坚持马克思主义的群众立场、群众观点和群众工作路线，以百姓心为心，做群众的贴心人，动员群众、组织群众、宣传群众、引领群众，从而把中国各民族凝聚在一起，形成合力，才自立于世界民族之林。同时，中国共产党创建的以党性为内涵的井冈山精神、长征精神、延安精神、大庆精神（铁人精神）、"两弹一星"精神、雷锋精神、改革开放精神等，体现着民族精神的内涵。党性和人民性所彰显的精神家园，始终焕发着整个民族的生命力、凝聚力和战斗力。这些伟大的精神财富，汇聚成克敌制胜的法宝和攻坚克难的巨大力量。

（二）一致的利益基础

中国共产党是全心全意为人民服务的马克思主义政党，来自人民、为了人民，始终代表中国最广大人民根本利益。党的各项工作都始终坚持以最广大人民的根本利益为出发点和落脚点，以最广大人民的根本利益为最高标准的政治原则。党是人民群众根本利益的忠实代表，党的事业说到底就是人民群众的利益、人民群众的事业，共产党员就是群众的贴

🖥 知识链接

改革开放40多年来，中国经济踏浪前行，实现了年均约9%的增长，取得了众多举世瞩目的成就。中国生产力学会总结和评选出了中国生产力发展十大标志性成就，系统性地总结和分析了我国改革开放以来生产力取得巨大发展的原因和经验，从中探寻中国经济社会变革的根本动力和深刻逻辑。

中国生产力十大标志性成就："杂交水稻"筑牢了我国粮食安全的基础，是我国经济社会发展绝对的压舱石；"高速铁路"让世界见证了中国速度，全面自主的成套技术更让世界见证了中国创造；"特高压技术"为我国发达的东部地区注入源源不断的动力，为推动我国构建全球能源互联网提供了高效低碳的重大原创科技支撑；"青蒿素"为世界抗击疟疾事业作出了重大贡献，让中医再一次名扬全球；"第五代移动通信技术"让万物实现互联，让中国在这一赛道上成为世界领先者；"北斗卫星导航系统"实现了覆盖全球范围的全天候、高精度的导航服务能力，将国家经济社会安全牢牢掌握在自己手中；"载人航天工程"为提升我国综合国力、增强民族自信、带动航空和航天产业融合发展发挥了重要作用；"线上经济"极大地改善和方便了人民生活，为我国经济结构转型和产业

心人。党所领导并团结带领全国各族人民为之不懈奋斗的革命、建设、改革伟大事业，为的就是争得民族独立和人民解放，就是不断提高人民群众的物质文化生活水平，就是不断达到人民群众的共同富裕，就是切实保障人民群众的经济、政治和文化权益，就是让发展的成果惠及全体人民。人民的利益大于一切，高于一切，重于一切。人民的利益就是党的利益，除此之外，党没有自己的特殊利益。党代表的人民利益和人民自身利益是一致的。

以中国的改革开放为例，中国为什么要实行改革开放？是怎样进行改革开放的？当然是基于对党和国家前途命运的深刻把握，是基于对我国社会主义革命和建设实践的深刻总结，是基于对时代潮流的深刻洞察，但说到底是基于对人民群众期盼和需要的深刻体悟。党的十一届三中全会前，邓小平同志在东北视察时说："我们要想一想，我们给人民究竟做了多少事情呢？""我们太穷了，太落后了，老实说对不起人民。""社会主义要表现出它的优越性，哪能像现在这样，搞了二十多年还这么穷，那要社会主义干什么？"[1]他强调，要引进先进技术，发展生产力，提高人民生活水平，才是有利于社会主义发展。他在中央工作会议上讲话时指出："如果现在再不实行改革，我们的现代化事业和社会主义事业

────────────

[1] 《邓小平年谱（1975—1997）》上，中央文献出版社2004年版，第380、381、384页。

就会被葬送。"①改革开放使中国大踏步赶上时代，极大地"活跃"了中国、发展了中国。中华民族迎来了从富起来到强起来的伟大飞跃，迎来了实现中华民族伟大复兴中国梦的光明前景。

能否坚持党的宗旨，或者说衡量党员干部是不是在干党和人民需要的事情，就要看党员干部能不能正确处理最广大人民的根本利益、现阶段群众的共同利益、不同群体特殊利益的关系，特别是要高度重视和维护困难群众的利益。坚持党的宗旨，为党的目标而奋斗，必须聚焦和落实到实现好、维护好、发展好人民群众的利益上。党是为人民利益而产生、而存在、而生存、而发展的；党执政之后，一切都是为了保证国家和人民利益得以实现而开展各项工作的。当前，建设中国特色社会主义，全面建成小康社会，实现中华民族的伟大复兴，都离不开党员领导干部的接续奋斗。共产党人以百姓心为心，除了为人民服务，没有其他目的和特殊性。

（三）统一的价值立场

党性和人民性在价值立场上也具有统一性和一致性。坚持党性，不仅是由党的性质决定的，也是由坚持人民性的群众立场决定的；坚持人民性，不仅是由党的宗旨决定，也是由党性的群众立场作保

---

① 《邓小平年谱（1975—1997）》上，中央文献出版社2004年版，第451页。

融合升级拓展了路径；"完整工业体系"有效地提升了我国发展的韧性，为第四次工业革命奠定了坚实基础；"脱贫攻坚"夯实了我国农业农村现代化的发展基础，为全球减贫治理贡献了中国智慧和中国方案。

这些成就的驱动力在哪里？是什么促成了我国生产力标志性成就的取得？科学技术是第一生产力，创新驱动发展，创新引领发展；科学技术创新的背后，是体制机制的变革，体现为制度创新；而体制机制的背后，则是党全心全意为人民服务性质和宗旨的集中体现，是中国共产党人初心和使命使然，中国共产党人始终站稳人民立场，坚持人民主体地位，尊重人民首创精神，践行以人民为中心的发展思想，同人民群众想在一起、干在一起、风雨同舟、同甘共苦，为中国生产力的快速发展注入源源不断的动力和活力。

证的。党性有立场原则，人民性也有立场原则，二者的立场原则取决于党性和人民性的内在统一。立场问题是首要的根本问题，群众立场问题是决定我们党性质的具有根本性的重大政治问题。我是谁、为了谁、依靠谁，是否始终站在最广大人民的立场上，是区分和判断是否是马克思主义政党的分水岭和试金石。替谁说话，给谁办事，为谁谋利，不但是态度问题、感情问题，更是政治本色、政治立场问题。我们党之所以得到广大人民群众的拥护和支持，根本原因就是始终站在最广大人民的立场上而不是站在个人或少数人的立场上说话办事，就是始终代表最广大人民的根本利益而不是代表某个人或某一部分人的利益。

中国共产党有最高纲领和最终奋斗目标，也有最低纲领和不同阶段奋斗目标。党的最高纲领和最终奋斗目标是实现共产主义。党的现阶段纲领和现阶段奋斗目标是建设中国特色社会主义，建设社会主义现代化强国，实现中华民族伟大复兴。新中国成立后，我们党在每一个历史阶段对国家发展蓝图的规划，都可以看到以人民为中心的价值立场。新中国成立之初，我们党从国家发展和人民幸福着眼，提出了实现四个现代化的奋斗目标。1964年12月，周恩来同志根据毛泽东同志的建议，在三届全国人大一次会议上所作的政府工作报告中，提出了在不太长的历史时期内，把我国建设成为一个具有现代农业、现代工业、现代国防和现代科学技术的社会主义强国的目标。第一步，建立一个独立的比较完整的工业体系和国民经济体系；第二步，全面实现农业、工业、国防和科学技术的现代化，使我国经济走在世界的前列。改革开放后，邓小平同志总结我国社会主义建设的经验和教训，提出了"中国式的四个现代化"的目标以及"小康社会"的构想。党的十二大提出了到20世纪末全国工农业总产值翻两番，实现小康的目标。党的十三大又规划了"三步走"的发展战略。第一步，实现国民生产总值比1980年翻一番，解决人民温饱问题；第二步，到20世纪末，使国民生产总值再增长一倍，人民生活达到小康水平；第三步，到21世纪中叶，人均国民生产总值达到中等发达国家水平，人民生活比较富裕，基本实现现代化。党的十五大在第二步到第三步之间，又规划了一个"新三步走"发展战略。党的十六大提出了全面建设小康社会的目标。党的十七大进一步完善了这一目标。党的十八大提出了全面建成小康社会和"两个一百年"奋斗目标。党的十九大将2020年到本世纪中叶分成两个阶段进行战略安排。第一个阶段，从2020年到2035年，在全面建成小康社会的基础上，再奋斗15年，基本实现社会主义现代化。第二个阶段，从2035年到本世纪中叶，在基本实现现代化的基础上，再奋斗15年，把我国建成富强民主文明和谐美丽的社会主义现代化强国。党的十九大提出，中国特色社会主义进入新时代，我国社会主要矛盾已经转化为人民日益增长的美好生活需要和不平衡不充分的发展之间的矛盾，这是一个重大的新的政治判断。理解这个判断可以有多种角度，就价值立场或人民的需要来说，需要已经是多方面、多领域、多层次、立体化、全方位的，而且不同的群体有不同的需要。除了物质的、文化的需要以外，还有政治方面的需要，比如公平、正义、法治的需要；还有生态方面的需要，比如对改善空气质量、土壤污染、水资源污染、食品不安全等状况的需要；等等。

从党性的立场性和人民性的立场性看问题，党性和人民性都要统一在群众的立场上。新时期坚持和践行党性和人民性一致的原则，就要坚持正确的政治方向，坚持以人民为中心的工作导向，真正把体现党的主张和反映人民心声统一起来，把坚持正确导向和通达社情民意统一起来，做到让党放心，让人民满意。坚持人民性，就要坚持为人民服务的立场，这也是政治立场；坚持党性，就要坚持全心全意为人民服务，赢得人民群众支持，这个立场不能偏。实践证明，只有把以人民为中心的工作导向作为党性原则来对待，把恪守共产党员的党性原则统一于以民为本、以人为本的工作实践中，把党的事业和人民利益融为一体、共同发展、相互促进，才能把中国特色社会主义建设好、发展好。

三、做到不忘初心、牢记使命

成为群众的贴心人，是党性的具体体现。初心与党性，互为印证，密不可分。对于中国共产党人来说，就是通过不忘初心、保守初心来彰显党性，涵养党性，服务人民群众，进而提高觉悟，升华境界，成为"心中有党、心中有民、心中有责、心中有戒"的合格共产党员。不忘初心、牢记使命，是新时代全面从严治党的关键要求，也是新时代中国共产党人坚持群众路线的集中体现。坚守全心全意为人民服务的决心、诚心和恒心，就是对合格党员标准的践行。

（一）坚持为人民服务的决心

为中国人民谋幸福、为中华民族谋复兴的初心，是中国共产党人许下的宏大志愿。中国近代历史上，面对民众疾苦和民族危亡，许多仁人志士也曾以天下为己任，探索救国救民的真理。但是，有些人走着走着就失散了，有些组织干着干着就退化了，有始无终。为什么只有中国共产党人能够坚守初心，肩负起历史的使命？说到底，没有科学理论的指导，没有理论上的充分自信，再宏大的志愿，也不会有坚定的意志，不会有实现的机缘。习近平总书记指出，中国共产党之所以能够完成近代以来各种政治力量不可能完成的艰巨任务，就在于始终把马克思主义这一科学理论作为自己的行动指南，并坚持在实践中不断丰富和发展马克思主义。这使我们党得以摆脱以往一切政治力量追求自身特殊利益的局限，以唯物辩证的科学精神、无私无畏的博大胸怀领导和推动中国革命、建设、改革，不断坚持真理、修正错误。

为中国人民谋幸福，为中华民族谋复兴，这既是中国共产党人的初心，也是共产主义远大理想和中国特色社会主义共同理想的时代化、具体化。不忘初心，要求党员时刻把理想信念放在心上，不轻视、不消减，体现了中国共产党人坚定理想信念的决心。革命理想高于天。树立远大理想和坚定的信念，是人类在艰苦卓绝的漫长文明进程中发展出的伟大生存智慧和宝贵精神品质。伟大的民族和辉煌的历史，很大程度上归功于信仰力量的造就。理想信念反映着政党的价值追求和精神动力，是区别政党品质和走向的最重要指标。一个政党的衰落，往往从理想信念的丧失或缺失开始；一个政权的瓦解，往往从思想领域开始。习近平总书记指出，理想信念是共产党人精神上的"钙"。没有理想信念，理想信念不坚定，精神上就会"缺钙"，就会得"软骨病"，就可能导致政治上变质、经济上贪婪、道德上堕落、生活上腐化。我们比其他任何时候都更需要为远大理想而奋斗的坚贞和勇气，需要为共同理想而奋斗的共识和力量。

（二）坚持为人民服务的诚心

中国共产党人的初心，是为中国人民谋幸福，归根到底就是全心全意为人民服务。这种意愿和意志，非常简单、纯粹和坚决，饱含诚意，表达了共产党人立党为公、执政为民的赤诚之心。为人民谋幸福，为民族谋复兴，是中国共产党人的心愿和梦想，要心想事成、梦想成真，前提是心诚，心诚方可事成。当然，要让每一个党员诚其意正其心，把一己之私从心底里除掉，做到天下为公、执政为民，实非易事。纵观历史，打着替天行道、为民请命的幌子来谋取家天下的帝王数不胜数，依靠编织天国幻景和寄希望于来生的精神安慰，去感召信众的宗教组织大行其道，标榜超阶级利益，以不负责任的民粹手段忽悠利用民众的政客比比皆是，但是真正敢公开宣示没有政党私利并诚恳接受人民监督的，只有中国共产党。习近平总书记指出，人民立场是中国共产党的根本政治立场，是马克思主义政党区别于其他政党的显著标志。全党同志要把人民放在心中最高位置，坚持全心全意为人民服务的根本宗旨，实现好、维护好、发展好最广大人民根本利益，使我们党始终拥有不竭的力量源泉。

中国共产党人要建立治国平天下的功业，需要坚持道德上的高标准，具备"内圣外王"的品质。缺失了圣贤心体和道德良知，再高远的志向，也无法持久。一名不忘初心的共产党员，首先应该是"一个高尚的人，一个纯粹的人，一个有道德的人，一个脱离了低级趣味的人，一个有益于人民的人"①。星星之火之所以可以燎原，"三座大山"之所以被一举推翻，正是因为共产党人用高尚的道德感动了人民，以良心换真心，得民心而得天下。中华民族是一个有尚德传统的民族，道德的力量是赢得人心、赢得事业成功的基础。习近平总书记指出，我们党作为马克思主义执政党，不但要有强大的真理力量，而且要有强大的人格力量。每一个共产党人都应带头践行社会主义核心价值观，弘扬中华优秀传统美德，恪守社会公德、职业道德、家庭美德和个人品德，做一个道德情操高尚的人。

（三）坚持为人民服务的恒心

不忘初心，难在"不忘"两个字上。"不忘"意味着每时每刻的提醒，一分一秒也不容丧失。党员需要时刻保持警觉和敬畏，严格按照组织纪律的要求行动，只有心存敬畏、手握戒尺，长期坚持才能更好地行使权力，确保权力为人民服务，无愧于党和人民的重托。"忘"与"不忘"，最直接的区别就在于党员能否真心实意地敬畏并恪守组织纪律，做到慎独、慎初、慎微。我们党是用革命理想和铁的纪律组织起来的马克思主义政

---

① 《毛泽东选集》第2卷，人民出版社1991年版，第660页。

党，组织严密、纪律严明是党的优良传统和政治优势，也是我们的力量所在。党的各项纪律规矩是"带电的高压线"，每一名党员都要牢固树立法治意识、制度意识、纪律意识，懂法纪、明规矩，知敬畏、存戒惧，常怀敬畏之心、戒惧之意，自觉接受纪律和法律的约束。中国特色社会主义进入新时代，更要扎紧党规党纪的笼子，把党的纪律刻印在全体党员特别是党员领导干部的心上。

中国共产党人的初心是伟大的事业，不是敲锣打鼓、轻轻松松、一朝一夕就能实现的，好比万里长征，需要经过长期奋斗，克服各种艰难险阻。不忘初心，就是准备吃大苦受大累，接受历史的考验。在困难面前，共产党人务必保持谦虚谨慎、不骄不躁的作风和艰苦奋斗的作风，保持平常心和进取心，胜不骄败不馁，才是不忘初心的最好注解。习近平总书记指出，党的先进性和党的执政地位都不是一劳永逸、一成不变的，过去先进不等于现在先进，现在先进不等于永远先进；过去拥有不等于现在拥有，现在拥有不等于永远拥有。如果不坚决纠正不良风气，我们党就会失去根基、失去血脉、失去力量。为此，全党要牢记"两个务必"，牢记"生于忧患，死于安乐"的古训，着力解决好"其兴也浡焉，其亡也忽焉"的历史性课题，把党的作风建设始终当成一项重大而紧迫的任务，高标准严要求，锲而不舍、驰而不息地抓下去，把共产党人的人格力量集中体现为我们党的优良作风。

创建伟大功业，除了有改地换天的雄心，做好吃苦的打算，还要有格物致知的匠心，具备卓越的本领。不忘初心，实质上就是坚持不断学习和干事创业的高标准。历史上，一些民族和国家迅速崛起，靠的是持久学习进步；一些民族和国家逐步沉沦乃至消亡，不善学习是最大的教训。能否自觉吸收人类创造的一切文明成果，是关系到共产党能否完成历史赋予自己的艰巨任务，能否发挥自己的先锋模范作用的大问题。习近平总书记指出，在中国这样一个具有特殊国情的大国，不论是干革命，还是搞建设，抑或是抓改革，都是前无古人的伟大事业和伟大工程，唯有依靠学习才能不断前进、不断突破。要用学习型政党的标准要求党员，以学增智、以学兴业，用最先进的知识武装头脑，理论联系实际，努力吸收科学的新思想、新知识、新经验，切实提升知识总量、知识质量，不断提高认识新情况、解决新矛盾、处理新问题的能力与水平。

第四章

老老实实向人民群众学习

重视增强学习本领是中国共产党人的优良品质，向人民群众学习是中国共产党人的独特标识之一。中国共产党成立百年来，虚心向人民群众学习，不断提高解决实际问题的水平，打造过硬"看家本领"，凝聚无穷智慧与磅礴力量，取得了重大成效，积累了丰厚经验。在新时代，领导干部必须虚心拜人民群众为师，甘当群众的小学生，主动向智者问计问策，不仅"身至"，更要"心至"，永远做人民的勤务员，才能持续不断地从人民群众中汲取智慧和力量，永葆生机和活力，立于不败之地。

一、向人民群众学习是党的重要政治标识

政党永葆先进性、永葆生命力的根本动力在于重视并善于学习。马克思、恩格斯和列宁都强调，无产阶级政党必须不断学习各种先进的新知识，借鉴吸收一切优秀的文明成果，作为增强本领的重要途径。中国共产党自成立伊始，始终依据时代条件的变化向人民群众学习，取得了丰富的学习经验，形成了善于向人民群众学习的独特标识，创造了一个又一个举世瞩目的辉煌成就。

（一）向人民群众学习是党的性质和宗旨的要求

近现代史表明，除了真正的马克思主义政党，其他任何党派都不能代表无产阶级和广大劳动人民的根本利益。中国共产党是以马克思主义为指导的工人阶级政党，体现无产阶级和广大劳动人民的根本意志。中国共产党人是历史唯物主义者，承认人民群众是社会发展的决定力量，这从客观上要求无产阶级政党必须向人民群众学习，时刻保持与人民群众的血肉联系。因此，党的性质和宗旨，决定了它必须向人民群众学习，与广大人民群众密切联系，同呼吸、共命运、风雨同舟。如果党脱离了群众，不了解人民群众的疾苦，就会改变无产阶级政党的性质和宗旨。

时刻关心人民冷暖、广泛听取人民意见是马克思主义政党的本质属性。马克思主义认识论强调，领导者的正确思想不是头脑中固有的、从天上掉下来的，只能从群众的社会实践中来，从群众的实践斗争中学习得来。生气勃勃的社会主义，是由人民群众自己创立的。离开了群众的实践和经验，领导者和领导机关是决不可能"生产"出任何正确的决策来的。列宁曾指出，"没有理论，革命派别就会失去生存的权利"，[①]"只有我们正确地表达人民的想法，我们才能管理"[②]。

毛泽东同志曾把党与群众的关系，比拟为鱼和水、种子和土地的关系。他指出："我们共产党人区别于其他任何政党的又一个显著的标志，就是和最广大的人民群众取得最密切的联系。"他强调共产党员要"全心全意地为人民服务，一刻也不脱离群众"，尤其要"到群众中间去，向群众学习"，与群众保持密切联系；"要做人民的先生，先做人民的学生"，指出"只有做群众的学生，才能做群众的先生"；要真心学习一点东西，

---

① 《列宁全集》第6卷，人民出版社1959年版，第163页。
② 《列宁选集》第4卷，人民出版社2012年版，第695页。

有"放下臭架子、甘当小学生的精神";共产党员"应成为学习的模范","应该是民众的朋友,而不是民众的上司,是诲人不倦的教师,而不是官僚主义的政客";"全党同志共同一起向群众学习,继续当一个小学生"。[①]邓小平同志在阐述党的群众路线的理论意义和实际意义时指出:"一个党和它的党员只有认真地总结群众的经验,集中群众的智慧,才能指出正确的方向并领导群众前进。"[②]

1990年3月召开的党的十三届六中全会,依据新的实际,通过了《中共中央关于加强党同人民群众联系的决定》。该决定强调共产党员尤其是各级党的领导干部,必须牢固树立六个群众观点,其中第二点就是"向人民群众学习的观点"。全会还强调在全党范围内进行马克思主义唯物史观的教育,批判各种否定、贬低人民群众在社会发展中的地位和作用的历史唯心主义观点,牢固树立推动历史前进的决定性力量是人民群众的科学观点和老老实实向人民群众学习的良好风尚。党的十八大以来,习近平总书记多次强调,既要向书本学习,又要向人民群众学习,向实践学习。他告诫领导干部要善于把学到的本领运用到实际工作中去,努力做到知行合一、以知促行、以行求知。随着党和国家事业的发展,我们党的群众观点的内涵更加丰富,更加强调向人民群众学习,及时地把群众在实践中创造出来的好经验好办法总结起来,研究推广,这是我们党具有强大生命力和不可战胜的重要原因。

(二)向人民群众学习是党重视学习的基本经验

人民是中国共产党的力量之源和胜利之本,中国共产党是人民的勤务员和坚强后盾,向人民求教、汲取智慧是中国共产党百年来加强学习的

---

① 《毛泽东著作专题摘录》,人民出版社1964年版,第782、836、966、1071、1074—1077页。
② 《邓小平文选》第1卷,人民出版社1994年版,第218—219页。

基本经验。早在建党初期和大革命时期，处于极其艰苦复杂的革命境遇下，中国共产党人也没有放松学习特别是向人民群众学习。在对大革命时期经验教训进行的深刻总结中，党的文件明确要求中国共产党应当在过去指导的错误中学习，更加紧密地把工作与人民群众的需求结合起来，从而制定出更为科学合理的革命策略。在全面抗战时期，毛泽东同志动员全党开展学习竞赛，要求干部同志互相做先生、互相做学生，积极主动、以身作则地带头学习。在解放战争即将取得胜利的关头，毛泽东同志高瞻远瞩地告诫全党必须一步一步地学会管理城市，必须向一切内行的人们（不管什么人）学做经济工作。刘少奇同志在党的七大《关于修改党章的报告》中，精辟地论述了四条党的群众观点，其中第四条，就是要树立"向人民群众学习的观点"。"如果不向群众学习，而自作聪明地从脑子中想出一套东西，或生硬地从历史经验与外国经验中搬运一套东西，来启发群众与指导群众，那是一定无用的。"[①]

新中国诞生初期，以美帝国主义为首的西方资本主义阵营对我国实行孤立封锁、干涉挑衅、遏制打压的敌对政策，千头万绪的经济建设任务、城市管理工作摆在全党面前，全党面临着本领不足、本领恐慌的现实问题及糖衣炮弹的现实考验。以毛泽东为核心的第一代中央领导集体强调努力学习既是全体党员的重大任务，也是衡量好党员的重要标尺。中央相继下发了诸多关于开展学习教育的文件，特别强调吸取群众丰富的实践经验，凝聚强大智慧，批判地学习及灵活地应用国外一切先进经验，不盲目、不机械搬用。

在社会主义革命和建设时期，由于中国共产党人坚定不移地把紧密联系群众、向人民群众学习放在关系事业发展全局来看待，才使经济得以快速恢复并成功地完成了社会主义改造。迈入社会主义建设道路初探时

---

① 《刘少奇选集》上卷，人民出版社1981年版，第353页。

期，如何避免和减少工作中的盲目性，尽快改变贫穷落后的面貌成为摆在中国共产党面前的一项紧迫而艰巨的时代课题。我们党深刻认识到人民群众中蕴藏着极大的社会主义建设积极性和无限创造力，发动人民群众自力更生、艰苦创业，建设伟大新中国。我们党团结带领人民进行改革开放新的伟大革命，充分激发了广大农村、城市劳动者的生产积极性，让全社会朝气蓬勃、活力迸发，使国家日益富强、人民生活更加富裕。可以说，社会主义革命和建设的成就是充分发挥人民群众的智慧所创造出来的。

在党的十一届三中全会召开前夕的中央工作会议闭幕会上，邓小平同志高瞻远瞩地向全党发出一定要善于学习、善于重新学习的伟大号召，强调实现四个现代化这一伟大崇高的历史使命，中国共产党人还有很多东西没有认识、缺乏经验，唯有掌握真才实学才能避免陷入"少知而迷、无知而乱"的泥潭，才能更有效地开展各项工作，才能推动中国特色社会主义事业蓬勃发展。邓小平不仅深刻阐述了加强学习的重大意义，而且还明确指出了加强学习的内容要求、方法举措。改革开放后，中共中央相继发布了一系列关于加强党员及干部学习教育的意见、决定和通知。1982年10月发布的《中共中央、国务院关于中央党政机关干部教育工作的决定》，1983年10月通过的《中共中央关于整党的决定》，明确规定了广大党员干部加强学习的努力方向，特别是在实践中学习、尊重人民群众的智慧和创造，有力地推动了党内学习制度的改进与完善，使人们冲破各种僵化思想与条条框框的束缚，也使四个现代化建设事业走上了快车道。

党的十三届四中全会特别是十四大以来，中国共产党坚持和发扬注重学习的光荣传统，多次倡导并号召全体党员尤其是领导干部要加强学习、改进学习，强调在科技发展日新月异、知识更新步伐不断加快、新矛盾新问题层出不穷的时代背景下，如果我们不能通过新的学习和实践不断提高自己，就会落后于时代。全党同志首先是党的高级干部，必须以对党、对人民、对历史高度负责的态度来加强学习，不仅要坚持学习科学理论，而且哲学、政治学、经济学、法学、历史学、文学和科学技术等方面的知识都要学。党中央带领全党分期、分批开展了"三讲"主题教育活动，并且把"讲学习"放在首位，极大地提高了领导干部加强学习的责任感与积极性。进入新世纪，我们党坚持把学习作为一项十分重大的任务抓紧、抓实、抓好，倡导全党同志都要学习、学习、再学习，始终把加强学习作为增强素质能力、增长智慧才干的根本路径。党的十八大以来，马克思主义学习型政党建设取得显著成效，成为党保持和发展先进性、始终走在时代前列的重要保证，也成为领导干部健康成长、提高素质、增强本领、不断进步的重要途径。习近平总书记特别强调要向实践和群众学习。他指出："实践出真知，实践育人才。要把改革发展的主战场、维护稳定的第一线、服务群众的最前沿作为砥砺品质、增长才干、提高本领、开拓创业的最好课堂和广阔舞台，在实践中掌握新知识，积累新经验，增长新本领，形成学以致用、用以促学、学用相长的良性循环。""要带着感情、带着责任深入群众当中，倾听群众呼声，体察群众疾苦，始终把人民群众的安危冷暖放在心上，虚心向群众请教，真正做到问政于民、问需于民、问计于民。"①

（三）向人民群众学习是坚持人民主体地位的根本体现

向人民求教、汲取智慧是中国共产党百年来加强学习的基本经验。中国共产党是为实现民族伟大复兴和人民幸福而努力拼搏、砥砺奋斗的马

---

① 习近平：《关于建设马克思主义学习型政党的几点学习体会和认识》，《学习时报》2009年11月16日。

克思主义政党，从一诞生就把增强学习本领放于至关重要的位置。毫无疑问，正是因为中国共产党一贯坚持把加强学习作为重大责任与精神追求，才得以始终立于不败之地，才能取得举世公认、影响深远的辉煌成就。党的十八大以来，习近平总书记高度重视马克思主义学习型政党建设，反复强调必须坚持人民主体地位，必须坚持问需于民、问情于民、问计于民，必须坚持向人民群众学习。

在实现中华民族伟大复兴的关键时期，学习问题尤其是在实践中向人民群众学习的问题更加凸显。本领并不是与生俱来的，更不是从天上掉下来的，增强本领的途径是只争朝夕、锲而不舍、如饥似渴地加强学习。不断掌握新知识、熟悉新领域、开拓新视野，这样才能有效克服本领恐慌、能力不足、知识缺乏的现象。习近平总书记指出："同过去相比，我们今天学习的任务不是轻了，而是更重了。"[①] "如果不抓紧增强本领，久而久之，我们就难以胜任领导改革开放和社会主义现代化建设的繁重任务。"[②] 党的十八大以来，全党扎实开展了包含党的群众路线教育实践活动等在内的一系列集中教育活动，以习近平同志为核心的党中央坚持围绕历史使命与中心任务，不断扩展深化学习内容，及时改进学习方式方法，逐步健全完善党内学习制度，大力引导和推动全体党员特别是领导干部树立正确的学习观、把握正确的学习方向，从而不断增强学习本领、塑造高尚人格。

人民立场是中国共产党的根本政治立场，是马克思主义政党区别于其他政党的显著标志。党与人民风雨同舟、生死与共，始终保持血肉联系，是党战胜一切困难和风险的根本保证，正所谓"得众则得国，失众则失国"。习近平总书记指出："我们必须始终坚持人民立场，坚持人民主体

---

① 《习近平谈治国理政》第1卷，外文出版社2018年版，第401页。
② 《习近平谈治国理政》第1卷，外文出版社2018年版，第402页。

地位，虚心向人民学习，倾听人民呼声，汲取人民智慧，把人民拥护不拥护、赞成不赞成、高兴不高兴、答应不答应作为衡量一切工作得失的根本标准。"他在文艺工作座谈会上发表重要讲话，强调坚持以人民为中心的创作导向，指出"人民是文艺创作的源头活水，一旦离开人民，文艺就会变成无根的浮萍、无病的呻吟、无魂的躯壳。……能不能搞出优秀作品，最根本的决定于是否能为人民抒写、为人民抒情、为人民抒怀"。人民不是抽象的符号，而是一个一个具体的人，有血有肉，有情感，有爱恨，有梦想，也有内心的冲突和挣扎。"不能以自己的个人感受代替人民的感受，而是要虚心向人民学习、向生活学习，从人民的伟大实践和丰富多彩的生活中汲取营养，不断进行生活和艺术的积累，不断进行美的发现和美的创造。要始终把人民的冷暖、人民的幸福放在心中，把人民的喜怒哀乐倾注在自己的笔端，讴歌奋斗人生，刻画最美人物，坚定人们对美好生活的憧憬和信心"①。

二、知识和智慧蕴藏在人民群众中间

人民群众是真正的英雄，人民群众的创造力是无限的，要在实践中虚心地向人民群众学习，充分发挥人民群众的积极性、主动性、创造性。要相信群众、依靠群众，充分组织群众、动员群众，调动广大群众的积极性，尤其善于从群众中汲取智慧和力量。党的十八大以来，习近平总书记十分重视人民群众中所蕴藏的宝贵知识和智慧，强调"有事好商量，众人的事情由众人商量，是人民民主的真谛"②。党的十九大报告中提出打造共建共治共享的社会治理格局，充分体现了尊重人民主体地位、集中民众

---

① 习近平：《在文艺工作座谈会上的讲话》，《人民日报》2015年10月15日。
② 习近平：《决胜全面建成小康社会　夺取新时代中国特色社会主义伟大胜利——在中国共产党第十九次全国代表大会上的报告》，人民出版社2017年版，第37—38页。

智慧的精神。习近平总书记在党的二十大报告中指出，全面建设社会主义现代化国家，必须充分发挥亿万人民的创造伟力，尊重人民首创精神。

（一）集中民智是保证党的决策科学化、民主化的重要前提

人民群众是实践的主人，有丰富的经验和智慧，是推动社会前进的最直接力量。他们生活和生产在各项建设的第一线，对社会主义事业最有责任感，对党和国家的前途和命运最关心，最清楚党的路线、方针、政策在实践中产生的实际效果，最善于把党的路线、方针、政策变为巨大的物质力量。因此，人民群众对党和国家的具体政策的制定最有发言权。人民群众的意见、经验和智慧是最宝贵的。党要使一切工作和决策科学化，就必须虚心地向知识和经验最丰富最实际、创造力最大的人民群众学习。

大庆油田创造的世界油田开发史上的奇迹，就是充分发挥人民群众聪明才智的结果。1960年初，中共中央批转了石油部党组关于组织松辽石油会战的报告，一场气壮山河的勘探开发大庆油田的大会战打响了。会战初期，人们头上青天一顶、脚下荒原一片，遍地是沼泽和盐碱滩，别说物资供应和后勤保障，吃住都是个大难题。但是，以王进喜为代表的老一辈大庆石油人，凭着一腔热血和创业精神，集思广益，在实践中摸索出一套行之有效的勘探、打井和采油方法，打破了传统油田开发的一系列技术障碍。地质工人破土勘探，钻井工人冒雪打井，采油工人坚守井场，确保油流欢畅奔涌，会战队伍仅用3年时间就成功开发建设了大庆这个世界级特大油田。从1976年到2002年，实现5000万吨以上连续27年高产稳产，而世界同类油田稳产期一般只有3~5年，最多不过12年。从2003年到2014年，大庆油田又实现4000万吨连续12年持续稳产。2015年以来，继续保持石油和天然气产量当量4000万吨以上的世界级水平。这些成就，是中国石油人紧紧依靠人民群众、向人民群众学习的成果。

　　闻名世界的"人间天河"红旗渠的建设，是集中人民群众智慧艰苦奋斗的另一个案例。从1960年2月11日起，林县15个公社3万余民工，翻山越岭，在70.6公里长的战线上正式向穷山恶水"宣战"。当时，正值国家三年困难时期，对于红旗渠这样的大工程来说，林县"三无一少"的状况显得尤为突出：一无技术，二无经验，三无材料，经济物资又短少。在此背景下，工地党委提出了勤俭建渠、艰苦创业的方针："自力更生是法宝，众人拾柴火焰高，建渠不能靠国家，全靠双手来创造。"在壁立千仞、结构破碎的太行山上，林县人民在物资短缺情况下，开动脑筋想出自制钢钎、土炸药、土水泥、"水鸭子"等来保证工程进度。红旗渠的建设者们根据不同的地形地质条件，创造出不同的开挖方法：上开法、下接法、腰砍法、顺山开洞法……他们还因地制宜，发明出"明窑堆石"烧灰法，将石灰的产量由传统暗窑一次烧制几万公斤提高到明窑一次烧制数十万公斤。就这样，在林县人民的拼搏努力下，1965年4月5日，凝聚着人民群众智慧与汗水的红旗渠总干渠通水，1966年4月实现3条干渠同时竣工，并最终于1969年完成了支渠的配套工程，7月6日实现全面竣工。

　　党的好干部焦裕禄同志是老老实实向人民群众学习的榜样。在征服兰考风沙之害的斗争中，他曾说过："要好好记住，当工作感到没办法的时候，你就到群众中去，问问群众，你就有办法了。"党不仅在制定路线、方针、政策时要虚心向人民群众学习，把人民群众的丰富知识和经验，作为我们党制定路线、方针、政策的重要来源，在贯彻和执行党的路线、方针和政策时，也要虚心向人民群众学习。因为任何决策都不是静止不变的，要随着实践的发展不断充实和完善。党员领导干部要虚心向人民群众学习，要通过各种渠道和形式，广泛、深入、及时地听取群众的意见、要求和批评，学习群众的先进经验，善于把群众的智慧和正确的意见集中上来，不断完善原有的决策。这样，党的决策才能正确，执行起来才能有效。

（二）向人民群众学习是增强党员党性、提高素质能力的重要途径

共产党员的党性和素质不是先天就有、与生俱来的，而是在社会实践的过程中，通过多种途径逐步确立和提高的。向人民群众学习，学习群众的丰富知识和实际经验，理论联系实际，就是其中一个重要途径。党性是阶级性的集中表现，共产党员不深入群众，不虚心向人民群众学习，就不可能充分代表无产阶级和人民群众的利益，也无从体现无产阶级的阶级性，增强党性、提高素质就只能是一句空话。

斯大林有句名言："共产党人是用特殊材料制成的。"这个"特殊材料"不是别的，就是共产党人的素质、能力和作风。共产党人的素质或品质包括坚定的理想信念，不可动摇的初心和使命；包括大公无私、最富有革命的彻底性、高度的组织纪律性和强大的团结协作精神，以及特别能吃苦、特别能战斗的顽强意志。共产党人的能力集中表现为，一切尊重人民，一切相信人民，一切依靠人民，一切为了人民，充分调动和发挥人民的积极性、主动性和创造性，带领人民推翻旧世界，建设新世界，使人民当家作主，不断实现人类的自由解放。与素质和能力相适应，共产党人的作风包括相互蕴含的三方面内容：一是理论联系实际，即学习理论一定是为了解决实际问题，解决实际问题一定是以理论为指导；二是密切联系群众，即一刻也不脱离群众，坚持从群众中来到群众中去，以群众的语言为语言，以群众的意志为意志，以群众的利益为利益；三是批评与自我批评的作风，即以符合有利于广大人民群众的利益为准则，从团结的愿望出发，对自己和在同志之间开展积极的思想斗争，勇于揭露和批评一切不正确的思想和作风，坚持真理，修正错误，达到新的团

结，提高向心力、凝聚力和战斗力。不难看出，三大作风是党性的集中体现，也与群众路线尤其是向人民群众学习密切相关。

共产党人的素质、能力和作风不是天上掉下来的，也不是共产党的名称、领导职务、生活条件等外界因素给予的。真正的高素质、强能力、好作风只能从艰苦的实践磨练中学习得到。首先，要有一定的理论基础，坚定理论自信和道路自信。其次，就是永远做人民的勤务员，与人民群众手挽手、心连心，在生产斗争、阶级斗争和科学实验三大实践中充分发挥先锋模范作用和宣传引导、组织领导作用，并运用马克思主义普遍原理总结和吸取人民群众的实践经验，以更精准可靠、与时俱进地运用中国化的马克思主义指导新的实践。共产党员特别是党的领导干部，如果离开了群众路线尤其是离开了向人民群众学习，是不可能具有共产党人的素质、能力和作风的，也就不是用"特殊材料"制成的。现实生活中不乏智商情商俱佳、心地善良积极肯干者，但如果不懂得尊重群众、依靠群众，不愿老老实实向人民群众学习，那么，不管怎样努力，至多能成为一个有技术的人，而不会成为一个能团结带领群众不断创造新业绩的党的好干部。

回顾党的百年奋斗史，中国共产党不愧为世界首屈一指的具有强大能力的党，中国共产党人不愧为具有杰出精神品质的团队，党员领导干部不愧为最有素质和能力的人。中国共产党为什么"能"，是因为把马克思主义的"行"转化为了中国特色社会主义的"好"，也就是把马克思主义普遍原理与中国实际相结合，通过理论联系实际即走群众路线，全面了解现实生活各方面的客观情况，提出了相应的政策方针。要全面了解到国情，运用理论加以具体分析，就必须深入社会，向人民群众学习，这样才能真正做到有的放矢，实事求是。在过去长期革命、建设和改革实践中，我们党之所以能始终保持先锋队的性质，广大党员之所以有坚强的党性和较高的素质，就是因为我们党和广大党员密切联系群众，从社会和群众中得到了很多很好的精神财富。新时代，我们广大党员干部要增强党性，提高素质，经受住执政的考验、改革开放的考验、和平演变的考验，完成建设中国特色社会主义现代化国家的历史任务，也必须深入实际，向人民群众学习。

（三）深入群众是克服官僚主义、改进工作作风的重要措施

党生活在人民群众之中，党员干部的一言一行都在影响着群众。尤其是领导干部的工作作风如何，对于处理党群、干群关系是极为重要的。社会中存在的形形色色的官僚主义、形式主义现象妨碍了党同群众密切联系。这些现象和危害包括：高高在上，滥用权力，脱离实际，脱离群众，好摆门面，好说空话，思想僵化，墨守成规，机构臃肿，人浮于事，办事拖拉，不讲效率，不负责任，不守信用，公文旅行，互相推诿，以至官气十足，动辄训人，打击报复，压制民主，欺上瞒下，专横跋扈，徇私行贿，贪赃枉法，等等。上述状况，严重地损害了党的形象，削弱了党与群众的联系，是党的工作作风中潜藏的弊端，必须引起高度重视，痛下决心加以改变。

如何克服官僚主义，改进党的工作作风呢？斯大林曾经指出，"整顿国家机关，使它精简廉洁，清除国家机关在我国建设时期所沾染的恶习和污秽，经常对贪污和浪费国家财产的人作斗争，——所有这些任务，如果没有千百万工人阶级群众直接的和经常的支持，任何政党都是不能解决的"①。也就是说，克服官僚主义，改进党的工作作风，就是要向人民群众学习，倾听群众的意见，甘当群众的小学生。

虚心向人民群众学习，要求各级领导干部必须深入基层，深入群众。

---

① 《斯大林选集》上卷，人民出版社1979年版，第475页。

因此，各级党政机关的干部，必须行动起来，通过各种形式轮流下到基层，体察民情，为人民群众办实事，做群众的知心朋友。这是发扬党密切联系群众的优良传统、克服官僚主义习气、转变机关作风、改进领导工作的重要措施。党政机关干部下基层一定要深入群众，要踏踏实实地干工作，认认真真地解决问题，不能蜻蜓点水，作表面文章。习近平总书记当年在福建"三进下党"的故事，至今仍为百姓传颂，可谓密切联系群众、弘扬优良作风的典型案例。

1988年，习近平到福建宁德担任地委书记。宁德是当时中国18个连片贫困地区之一，习近平说，那里是福建"最犄角旮旯的地方"。为跑遍这里的乡村，他经常一连数日坐着吉普车在崎岖的山路上颠簸，常常颠得连腰都直不起来，有时腰疼得一时下不了车。在不通公路的偏远山区，他就踩着泥泞湿滑的危险山路步行进去。其中，下党乡位于闽东大山深处，是宁德地区寿宁县最边远的山乡，有寿宁的"西伯利亚"之称。这里曾经是无公路、无自来水、无电灯照明、无财政收入、无政府办公场所的"五无乡镇"，素有"车岭车上天，九岭爬九年"的说法。由于山路难走，小贩们都不敢进液体货物，以至于当地不少人连酱油都没有见过。了解到下党乡的情况，习近平对乡干部表示，一定要去下党一趟。1989年7月19日，习近平带领地直和寿宁县相关部门负责人30多人乘中巴车从县城出发，到达平溪乡上屏峰村后公路就不通了，大家下车步行。乡党委书记拿着柴刀在前面开路，习近平和其他干部每个人拿根竹竿，沿着河边走，一路披荆斩棘、跋山涉水。1989年7月26日、1996年8月7日，习近平又两次来到下党，实地协调解决下党建设发展难题。对下党乡之行，习近平说"异常艰苦、异常难忘"。他提出，"下党的发展，主要抓'做'功，而不是'唱'功。"要更新观念，拓展思路，把路子摸得更清楚一点，把脚步迈得更扎实一些。要以一村一户一人为对象去想路子，去解决问题，一个项目一个项目地上，才能实打实上一个新台阶。[①]

领导干部"信访接待下基层、现场办公下基层、调查研究下基层、宣传党的方针政策下基层"，是习近平在福建宁德工作时大力倡导的工作方法、工作制度，是党的群众观点与群众工作的有机统一，也是党密切联系群众的实践创造。"四下基层"源于实践又指导实践，是对我们党坚持群众路线这一优良传统的继承和创新，科学回答了在新的历史条件下如何增进与人民群众感情、做好联系服务群众工作、解决好执政党与人民群众关系等问题。"信访接待下基层"，变群众上访为领导下访，着力把矛盾化解在源头。"现场办公下基层"，化被动服务为主动服务，着力解决群众反映的突出问题。"调查研究下基层"，从机关大院到基层一线，着力从人民群众中汲取智慧和力量。"宣传党的方针政策下基层"，由一般号召到面对面宣传，着力教育引导、组织动员群众。今天看来，"四下基层"不失为固本强基、锤炼干部作风的有效手段，有助于坚持重心下移、强化基层，引导党员干部苦练密切联系群众基本功。通过"四下基层"，干部队伍建设不断加强，祛"官气"、除"四风"的效应显著，一大批作风正、能力强、经过基层磨练的党员干部将脱颖而出，成为中坚力量。

三、拜人民为师、甘当小学生

习近平总书记在2019年中央党校（国家行政学院）中青年干部培训班开班式上强调："干部要坚持立党为公、执政为民，虚心向群众学习，真心对群众负责，热心为群众服务，诚心接受群众监督。要拜人民为师、

---

① 参见《当年"三进下党"，习近平至今"历历在目"》，新华网2019年8月7日。

向人民学习，放下架子、扑下身子，接地气、通下情，深入开展调查研究，解剖麻雀，发现典型，真正把群众面临的问题发现出来，把群众的意见反映上来，把群众创造的经验总结出来。"老老实实向人民群众学习，就要有满腔热情、恭恭敬敬的学习态度；到群众中去，与群众朝夕相处；善于集中民智，问政于民、问需于民、问计于民。

（一）要有虔诚的求学拜师精神

关于如何向人民群众学习，毛泽东同志曾说过，拜人民为师，务必要有虔诚的求学拜师精神，恭恭敬敬地学，老老实实地学，不懂就是不懂，不要装懂，"没有满腔的热忱，没有眼睛向下的决心，没有求知的渴望，没有放下臭架子、甘当小学生的精神，是一定不能做，也一定做不好的。必须明白：群众是真正的英雄，而我们自己则往往是幼稚可笑的，不了解这一点，就不能得到起码的知识"①。习近平总书记指出："要坚持理论和实践相结合，注重在实践中学真知、悟真谛，加强磨练、增长本领。关键是要虚心用心，甘当'小学生'，不懂就问、不耻下问，切忌主观臆断、不懂装懂。"②新时代的党员干部必须摆正位置，端正态度，认认真真地向人民群众拜师求艺，练就真本领。

首先，拜人民为师要有求教于人民群众的诚心。诚心诚意是求教问道的基本学习态度。诚心求教于人民群众就是发自内心地向人民群众学习，饱含真情实意地求教于人民群众，全身心地倾听群众的教导和诉求，真正地走进人民群众的心中。党员干部务必要克服高高在上、官威权大的心理，俯下身子、降低身段，真心实意地当人民群众的学生。

其次，拜人民为师要有求教于人民群众的虚心。虚心使人进步，骄傲

---

① 《毛泽东选集》第3卷，人民出版社1991年版，第790页。

② 《筑牢理想信念根基树立践行正确政绩观　在新时代新征程上留下无悔的奋斗足迹》，《人民日报》2022年3月2日。

使人落后。毛泽东同志反复讲过，我们万万不可认为文化水平比人民群众高，世面眼界比人民群众多，就傲慢自大，认为自己任何本领都比人民群众强。人民群众是本大书，读一辈子都读不完、读不透。人民群众的世界就是知识的世界，就是智慧的世界，虚心请教才能获得人民群众的认可和接纳，才能得到人民群众的精心点拨和教诲，才能找到解决问题的办法和措施。因而，在工作中遇到问题，虚心请教和问询人民群众，问问人民群众怎样看，问问人民群众怎样办，"要从人民伟大实践中汲取智慧和力量，办好顺民意、解民忧、惠民生的实事，纠正损害群众利益的行为"①。

最后，拜人民为师要有求教人民群众的恒心。不积跬步无以至千里，不积小流无以成江海。持之以恒的学习精神是每一名党员学习进步必备的素质，向人民群众求教问学是一门长期持久的必修课，这门功课的学习没有完成时，只有进行时。向人民群众求教不可能一蹴而就、一劳永逸，拜人民为师务必要做到持之以恒的求学精神。

老老实实向人民群众学习，要求领导干部要有正确的态度、豁达的胸怀。如果群众热情积极提意见，遇到的却是官僚主义、形式主义的敷衍塞责，或者表面上虚心接受，实际上很不情愿，抑或是只听得进表扬、听不得批评，那么不管花费多少时间，耗费多少精力，也听不到群众的心声，得不到真实的意见。想听到真正的意见，领导干部必须有真诚的态度，沉下身子、放下架子，真心诚意让群众挑毛病，让群众评头品足，真正做到既能听得赞扬声，更能听得批评声。只有这样，群众才能打消顾虑，畅所欲言，说出真话，道出实情。领导干部要想得到最真实的意见，还要常常深入基层、深入群众，了解基层群众的真正诉求。

善于向人民群众学习尤其是听取群众意见，关键在涵养德性，磨练心

① 《习近平谈治国理政》第1卷，外文出版社2018年版，第16页。

性。这就要求党员干部面对提醒、批评和意见，必须有不怕亮丑、不怕揭短、敢于担当的无畏勇气，只要对党和国家以及人民的事业有益，就心甘情愿虚心听取；必须有善于笑纳谏言的豁达胸怀，对顺耳之言始终保持清醒冷静，对逆耳之言始终兼听包容；必须有主动深入基层，甘当群众"小学生"的工作作风，真心实意让群众提意见，欢迎群众挑"毛病"。

（二）要与人民群众朝夕相处

对中国共产党人来说，人民群众是伟大的创造者，拜人民为师的学习路径很清楚，就是从群众中来，到群众中去。毛泽东同志曾说过，在"中国人民中间，实在有成千成万的'诸葛亮'，每个乡村，每个市镇，都有那里的'诸葛亮'。我们应该走到群众中间去，向群众学习，把他们的经验综合起来，成为更好的有条理的道理和办法，然后再告诉群众（宣传），并号召群众实行起来，解决群众的问题，使群众得到解放和幸福"[①]。将群众的意见集中起来的过程，就是向人民群众学习，就是求教、问道的过程，再经过研究，化为集中的系统的经验和智慧。

坚持从群众中来、到群众中去的学习原则，就是要与人民群众朝夕相处，与人民群众同呼吸、共命运、心连心、荣辱与共。真正做到与人民群众"同吃同住同劳动"，深入基层，走近人民群众的身边向他们求教。正如毛泽东所说的"农民、秀才、狱吏、商人和钱粮师爷，就是我的可敬爱的先生，我给他们当学生是必须恭谨勤劳和采取同志态度的，否则他们就不理我，知而不信，言而不尽"[②]。"我们共产党人好比种子，人民好比土地。我们到了一个地方，就要同那里的人民结合起来，在人民中间生根、开花。"[③]拜师学艺的本领来自人民群众，这就需要与人民群众零

---

① 《毛泽东选集》第3卷，人民出版社1991年版，第933页。
② 《毛泽东选集》第3卷，人民出版社1991年版，第790页。
③ 《毛泽东选集》第4卷，人民出版社1991年版，第1162页。

距离、全方位、深度地接触和体验，感知人民群众的生产生活、体会人民群众的勤奋辛劳、学习人民群众的技能手艺，从而感悟人民群众博大精深的智慧和才能。在群众的工作场所、生活环境、家庭氛围的摸爬滚打中培养群众感情，从人民群众中取得真经、增长才干。

党的好干部焦裕禄为解决好兰考县风沙和内涝等各种灾害，到任的第二天就投入农业调查之中去了。他深入人民群众，向人民学习，虚心求教，挨家挨户地了解，说服大家一块儿自救，开会分析当下的现状，发现造成目前状况的根源，并想办法自救。经过一系列的调查之后，焦裕禄发现兰考县的群众有着极高的思想觉悟，他们都想自救，渴望改变家乡的样子，想要发展农业致富，摆脱这样的现状，而且人民群众对于如何改变面貌，有自己的长期思考和一些行之有效的好办法。焦裕禄在这期间和农民们同吃同住，与百姓同甘共苦，很快就改变了兰考的发展形势，取得了阶段性的巨大进步，也让人民看到了共产党党员领导干部的优良作风。

在老老实实向人民群众学习问题上，曾任湖南省委副书记的郑培民也是如此。他就像一棵永远不会离开土地的大树，枝蔓扬得越高，根往泥土里扎得越深，他的根系牢牢地扎在"人民"二字上。郑培民无论到哪里任职、担任多高职务，总是经常深入基层，深入到群众中去。他认为只有这样，才能为人民群众排忧解难；作为一个国家干部，只有廉洁自律，才能够坦荡为官。在担任领导职务的近20年里，郑培民通过同人民群众的直接联系了解他们的愿望和要求。他经常深入基层，深入到群众中去，为人民群众排忧解难，体现了当代共产党人的精神风貌，被人们亲切地称为"为民书记"。郑培民刚到任湘西土家族苗族自治州就问："哪个村子最穷啊？"随后，就去了叭仁村。"叭仁"是苗语，意思为山顶上。要到达这个三面悬崖一面山的村寨，首先要从湘西的首府坐车到乡里，然后，手脚并用，徒步走上4个小时的12公里陡峭山路。苗族群众之所以十几年后还记得郑培民，是因为他是住过这里的最大的领导。在他之前，只有乡干部爬上过这个走起来累死人也吓死人的山头。两年多时间，郑培民跑遍了全州218个乡镇，住过30多个乡镇。妻子去湘西看他，一进屋，地上扔的是一双沾满泥巴的胶鞋，唯一一套出国时置办的西装，在柜子里已被虫子蛀满了洞。郑培民拦住要帮他刷鞋的妻子：天天都要穿，一出门，还是要沾泥的。凡是群众写给郑培民的信，他总是坚持亲自拆、亲自看。每次下农村，他总要到农民家去，掀开锅盖，瞧瞧农民吃的是什么饭，撩开蚊帐，摸摸床上的被褥是否厚实。一旦发现群众有困难，立即亲自或者组织人员去解决，直到乡亲们满意为止。郑培民就是这样走群众路线、老老实实向人民群众学习的。

（三）坚持问政于民、问需于民、问计于民

老老实实向人民群众学习，目的是善于集中民智，把群众的需要和智慧转变成政策方针，方法是问政于民、问需于民、问计于民，尊重群众首创精神，把加强顶层设计和向人民群众学习统一起来。2021年，习近平总书记在全国脱贫攻坚总结表彰大会上指出："只要我们始终坚持为了人民、依靠人民，尊重人民群众主体地位和首创精神，把人民群众中蕴藏着的智慧和力量充分激发出来，就一定能够不断创造出更多令人刮目相看的人间奇迹！"

在革命斗争最艰苦的井冈山时期，毛泽东就要求红军部队要完成三大任务：一是人人要会打仗，二是人人要会做宣传群众的工作，三是人人要会做组织群众的工作。每个红军战士既要当战斗员，又要当宣传员、组织员。红军把在机关工作的干部和连队的战士合在一起，一至五人编成一组，隐蔽在群众家里访贫问苦，做宣传组织群众的工作。毛泽东也亲自率领一支部队，以班排为小队，开展调查研究和宣传组织工作，不

仅了解群众的生活状况，向群众宣传党的政策，更是带领党的干部和战士虚心向群众学习。毛泽东写的《星星之火，可以燎原》总结了红军的游击战术，指出"分兵以发动群众，集中以应付敌人"，"敌进我退，敌驻我扰，敌疲我打，敌退我追"，强调这种战术正如撒网，要随时打开，又要随时收拢，打开以争取群众，收拢以应付敌人。这种战术揭示了把开展群众工作和打仗结合在一起的策略，也是在深入群众、虚心向群众学习、问计于群众后得到启发的结果。

在社会主义革命和建设时期以及改革开放和社会主义现代化建设新时期，党坚持走群众路线，向人民群众学习，充分激发人民群众进行社会主义建设的积极性、创造性，在企业经营管理和社会治理中创造了"鞍钢宪法""枫桥经验"等新的管理方式，对推进社会主义现代化建设起到了积极作用。党在领导人民进行社会实践的过程中，尊重群众的首创精神，相信并依靠人民群众在实践中的伟大创造，注意总结经验，提升为规律性方法加以推广。邓小平就曾说过：农村搞家庭联产承包，这个发明权是农民的，农村改革中的好多东西，都是基层创造出来，我们把它拿来加工提高作为全国的指导。

深入基层调查研究是党的优良传统，是党贯彻落实群众路线、向人民群众学习的有效途经。只有到基层调研，才能真切听到群众的呼声和期盼，汲取人民的智慧和创见。习近平总书记指出，调查研究是谋事之基，成事之道，没有调查，就没有发言权，更没有决策权。党的十八大以来，习近平总书记深入基层调研近百次，纵横大江南北，遍访工厂、工地、商店、基层党支部，深入农村、社区、胡同，了解各行各业群众的需求和苦衷，听取群众的意见和呼声。前文曾提到，领导干部"信访接待下基层、现场办公下基层、调查研究下基层、宣传党的方针政策下基层"，是习近平同志在福建宁德工作时大力倡导的工作方法、工作制度，是党的群众观点与群众工作的有机统一，可以视为问政于民、问需于民、问计于民的典范。"四下基层"中的"调查研究下基层"，强调干部要从机关大院下沉到基层一线，着力从人民群众中汲取智慧和力量。党的正确主张和科学决策只能"从群众中来"，只能来自群众的伟大实践。"调查研究下基层"，尊重群众首创精神，推动领导干部走出机关大院，深入基层一线和群众之中，努力获取那些在办公室难以听到、不易看到和意想不到的新情况，为科学决策提供重要依据。实践证明，"调查研究下基层"遵循了马克思主义认识论基本原理，使领导干部深深扎根于人民群众的实践沃土，增长政治智慧和执政本领，达到改进工作作风和了解民情、科学决策的目标。

第五章

自觉运用法治思维做群众工作

　　法治是中国国家治理的基本方式，自觉遵规守纪是党性的基本要求。依法治国要求中国共产党依法执政，在法治的框架内寻求贯彻党的根本工作路线的具体途径和方法，实现为人民服务的制度化、规范化、常态化，这对领导干部的能力和素质提出了明确要求。各级领导干部要注重用法治思维和法治方式抓好群众工作，关键在于自觉坚持群众路线，忠诚于党和人民，把握好"情、理、法"相结合原则，要做到"立善法""用善法""善用法"。

一、自觉依法执政是中国共产党的政治属性

　　法治是治国理政的基本方式，是国家治理体系和治理能力的重要依托。党的十九届四中全会审议通过的《中共中央关于坚持和完善中国特色社会主义制度、推进国家治理体系和治理能力现代化若干重大问题的决定》，对坚持和完善中国特色社会主义制度、推进国家治理体系和治理能力现代化作出总体部署。对执政党而言，要从根本上有效克服官僚主义与形式主义，就要适应社会主义民主法治建设的时代要求，以法治思维、法

治方式抓工作作风建设，牢固树立人人平等、公私分明、法纪分明、权责统一等法治理念，既要把权力关进制度笼子里，又要充分调动广大党员干部的积极性、主动性、创造性。

（一）依法用权是忠诚于人民群众的表现

中国共产党是自觉型政党，自觉遵规守纪、依法执政是党性的内在要求。为人民群众掌好权用好权是共产党人的使命担当，运用法治思维开展各项工作，防止权力异化或沦为谋私工具，是对党员领导干部素质能力的基本考验，也是实现国家治理体系与治理能力现代化的必然要求。

马克思恩格斯明确提出过执政党要"防止国家和国家机关由社会公仆变为社会主人"①的问题，强调要防范以权谋私、权为私用、权力腐败，克服公共责任虚化、公共责任缺失的现象。政党执政和发展政治影响力，主要有三种形式：一是依靠党的路线方针政策的正确性影响民众，依靠党员模范作用的发挥来带动群众；二是按照法定程序，将党的大政方针、施政方略等上升为国家法律，依靠国家强制力保障其实施；三是通过选举或委派党的干部到国家机关领导岗位或工作岗位任职，通过"输送干部"实现执政。不难看出，执政党的干部在政治实践中的工作态度与行为方式，特别是对待群众的态度、情感与行为方式，以及对执政权力、公共权力的态度、情感和行使公共权力的行为方式，核心是对党和人民忠诚与否的问题，是国家治理体系与治理能力的基础。

干部不愿或不能运用法治思维推动工作，突出表现为形式主义与官僚主义，其本质就是因公共权力异化而导致的"公共责任虚化、弱化乃至缺失"问题。在实际工作中，"有权无责、权大于责"，则容易导致官僚主义；而"有责无权、责大于权"，则容易造成形式主义；对公共权力缺

---

① 《马克思恩格斯选集》第3卷，人民出版社2012年版，第55页。

乏有效的规制与监督，就会导致"为官不为"。如果筑牢制度笼子、把公共权力关进制度笼子里，各级领导干部"带头遵守法律、执行法律，带头营造办事依法、遇事找法、解决问题用法、化解矛盾靠法的法治环境"，形式主义与官僚主义就会失去权势依托，逐渐衰弱。

办好中国的事情，关键在党。习近平总书记指出："党的领导是中国特色社会主义最本质的特征，是社会主义法治最根本的保证。"[①]推进国家治理体系和治理能力现代化建设，就要将党的政治优势、组织优势转化为治理效能，尤其是健全自治、法治、德治相结合的治理体系，提高党员干部运用法治思维和法治方式开展工作、解决问题、推动发展的能力，把良法善治的要求贯穿到社会治理的全过程和各方面，引导群众积极参与、依法支持和配合社会治理，为夯实国家治理根基提供可靠的法治保障。一方面，要严格规范公正文明执法在基层落地落细，不断满足人民群众在民主、法治、公平、正义等方面的新期待；另一方面，根据新发展阶段的特点，围绕贯彻新发展理念、构建新发展格局、推动高质量发展加快转变政府职能，用法治给行政权力定规矩、划界限，提高依法行政水平，维护社会公平正义。

（二）马克思主义法治理论与中国实践相结合

中国历史上有着悠久的优秀法律文化。古人很早就开始探索运用法律手段驾驭人类自身发展和社会进步，积累了丰富的治国理政经验。法治兴则国兴，法治强则国强。历代王朝的鼎盛时期，大都重视法律、严明法律。马克思主义法治理论是我们党加强法治建设的思想武器，有力地指引着我们党的法治实践。在革命、建设、改革各个历史时期，我们党始终将马克思主义法治理论运用于中国具体实践，坚持不懈地探索法治

---

① 《中国共产党第十八届中央委员会第四次全体会议文件汇编》，人民出版社2014年版，第5页。

建设规律。新时代中国的法治思想是马克思主义法治理论同中国法治具体实践与时代特征相结合的产物，也是做好群众工作的重要依据。

中国共产党建立之初，就十分重视以法制精神号召和鼓舞人民。1922年，党的二大宣言提出"制定关于工人和农人以及妇女的法律"。党在创建革命根据地、开始局部执政的实践中，注重运用法律手段巩固红色政权。1949年，中华人民共和国的成立，开启了我国法制建设的新纪元。1954年一届全国人大一次会议制定的宪法，以及此后陆续制定的一大批基本法律和重要规范，构建了新中国的政治制度、立法体制和司法制度，确立了社会主义法制的基本原则，巩固和发展了新生政权，有效保障了人民当家作主，为开展大规模的社会主义建设奠定了法制基础。遗憾的是，后来由于在指导思想上犯了"左"的错误，我国社会主义民主法制遭到巨大冲击和严重破坏。

党的十一届三中全会以后，中国共产党人在改革开放的全新环境中开始了社会主义法治建设的新探索，深刻回答了改革开放条件下为什么要加强法制建设、怎样通过法制保障改革开放顺利进行等重大问题，开辟了中国特色社会主义法治道路，创立了中国特色社会主义法治理论。党的十三届四中全会以后，中国共产党人在建立社会主义市场经济体制的进程中大力推进社会主义法治国家建设进程，深刻回答了社会主义市场经济条件下为什么要实行依法治国、怎样坚持依法治国基本方略等重大问题，以新的视野丰富了中国特色社会主义法治理论。党的十六大以后，中国共产党人在推动我国经济社会全面协调可持续发展的实践中继续推进依法治国，深刻回答了在实现科学发展的进程中为什么要坚持依法治国、怎样运用法治方式治理国家等重大问题，以新的理念发展了中国特色社会主义法治理论。

党的十八大以来，以习近平同志为核心的党中央以巨大的理论勇气、非凡的政治智慧和强烈的责任担当全面推进依法治国，创造性提出了一系列法治新理念、新思想、新战略，形成了习近平法治思想。习近平法治思想是马克思主义法治理论中国化的最新成果，是中国特色社会主义法治理论的重大创新发展，为在法治轨道上推进国家治理体系和治理能力现代化提供了根本遵循。

中国特色社会主义法治理论的发展完善过程，也是中国共产党人不断强化法治理念、运用法治思维做好各项工作的过程。党的十五大明确提出"依法治国、建设社会主义法治国家"；党的十六大明确提出"依法执政"，将其确立为中国共产党治国理政的基本方式；党的十七大进一步强调要树立社会主义法治理念、实现国家各项工作法治化；党的十八大突出强调要全面推进依法治国，提高干部运用法治思维和法治方式深化改革、推动发展、化解矛盾、维护稳定的能力。2019年，党的十九届四中全会指出，要坚持和完善中国特色社会主义法治体系，提高党依法治国、依法执政能力。至此，中国共产党的执政思维得到进一步发展和完善，依据法治方式、遵循法治思维治国理政的基本方略也得以确立，并不断深入党心与民心。党的十八大以来，以习近平同志为核心的党中央在全面依法治国、全面从严治党的实践中，进一步将法治思维融入执政党作风建设，既着力强调把权力关进制度的笼子里、让权力在阳光下运行，更明确提出"要以法治思维和法治方法抓作风建设，实现作风建设制度化、规范化、常态化"[1]。

（三）新时代全面依法治国的成功实践

在全面依法治国实践中，习近平总书记围绕新时代为什么实行全面依法治国、怎样实行全面依法治国等重大问题进行了不懈探索，创立了

---

[1] 《对照检查中央八项规定落实情况讨论研究深化改进作风举措》，《人民日报》2013年6月26日。

习近平法治思想，以崭新的思想内容开辟了中国特色社会主义法治理论的新境界。习近平法治思想的主要内容表现为"十一个坚持"：坚持党对全面依法治国的领导；坚持以人民为中心；坚持中国特色社会主义法治道路；坚持依宪治国、依宪执政；坚持在法治轨道上推进国家治理体系和治理能力现代化；坚持建设中国特色社会主义法治体系；坚持依法治国、依法执政、依法行政共同推进，法治国家、法治政府、法治社会一体建设；坚持全面推进科学立法、严格执法、公正司法、全民守法；坚持统筹推进国内法治和涉外法治；坚持建设德才兼备的高素质法治工作队伍；坚持抓住领导干部这个"关键少数"。"十一个坚持"共同作用、相互影响，构成了视野宏阔、逻辑严密、系统科学的理论体系，为新时代推进全面依法治国提供了根本遵循。

习近平法治思想强调牢固树立人人平等、权责统一、公私分明、法纪分明等法治理念。这既是党治国理政的基本理念，也是新时代党员干部运用法治思维做好群众工作的基本要求。第一，要牢固树立法律面前人人平等、制度面前没有特权、纪律约束没有例外等基本理念，反对任何形式的特权与特例。第二，要牢固树立"权责统一"理念，坚持有权必有责、用权受监督、违法必追究原则。在制度设计与权责分配上，既要有效克服"有权无责、权大于责"现象，也要有效克服"有责无权、责大于权"现象。第三，要牢固树立"公私分明"现代政治理念。习近平总书记指出："公款姓公，一分一厘都不能乱花；公权为民，一丝一毫都不能私用。领导干部必须时刻清楚这一点，做到公私分明、克己奉公、严格自律。"[①]公私不分，党员干部的行为底线就难以明晰。只有公私分明，划清领导干部做人、处事、用权、交友的底线，才能克服形形色色的权力

---

① 习近平：《强化反腐败体制机制创新和制度保障 深入推进党风廉政建设和反腐败斗争》，《人民日报》2014年1月15日。

滥用现象，才能真正做到"为人民执好政、掌好权"。第四，要牢固树立"法纪分明、纪在法前"的现代治党理念，正确处理党纪与国法的关系。从政治与党的先进性角度看，中国共产党的党规党纪要严于国家法律；同时，党规党纪与国家法律在规范程度、约束范围、保障其实施的强制力、对违规行为的追究方式上都有明显区别。习近平总书记指出："在我们国家，法律是对全体公民的要求，党内法规制度是对全体党员的要求，而且很多地方比法律的要求更严格。我们党是先锋队，对党员的要求应该更严。全面推进依法治国，必须努力形成国家法律法规和党内法规制度相辅相成、相互促进、相互保障的格局。"①总之，不能把国家法律与党规党纪相混同。既不能以党规党纪代替国家法律，否则容易导致权力膨胀、权力腐败与法律虚化；也不能以国家法律代替党规党纪，否则会导致法律混用，也会削弱执政党的先进性和创新性。只有以严明党纪来治理党员干部的一般作风问题与软弱涣散现象，以国法来惩治与防范权力异化和权力腐败，才有利于党员干部以法治思维做好各项工作。

此外，要有效克服与防范公共权力异化，就必须有效加强对权力的监督与制约、把权力关进制度的笼子里。习近平总书记指出："纵观人类政治文明史，权力是一把双刃剑，在法治轨道上行使可以造福人民，在法律之外行使则必然祸害国家和人民。"②必须"健全权力运行制约和监督体系，让人民监督权力，让权力在阳光下运行，把权力关进制度的笼子里"。③从党的十八大以来党的作风建设的基本经验来看，坚持公私分明、纪严于法、纪在法前、纪法分开、纪律面前人人平等，有效运用监督执纪"四种形态"来加强党风廉政建设、提升干部法治素养的重要经验；运用法治思维来有

---

① 《〈中共中央关于全面推进依法治国若干重大问题的决定〉辅导读本》，人民出版社2014年版，第55页。
② 《习近平关于全面依法治国论述摘编》，中央文献出版社2015年版，第37—38页。
③ 《积极借鉴我国历史上优秀廉政文化　不断提高拒腐防变和抵御风险能力》，《人民日报》2013年4月21日。

效克服"有权无责、权大于责"与"有责无权、责大于权"等权力异化现象，是克服与防范干部贯彻群众路线不力的重要方向。

二、中国共产党依法执政的必然性

依法执政、做好各项工作是党的执政地位的客观要求。这一客观要求建立在经济发展的需要、执政合法性需要和执政党建设的需要基础上。宪法和党章规定，中国共产党是社会主义事业的领导核心和执政党。这种政治地位内在要求党遵守宪法和法律，在宪法和法律的范围内活动。同时，党在宪法和法律的范围内活动，必然与党的领导方式、执政方式相结合，即党依法治国、依法执政。总之，党依法执政有利于实现党的领导，有利于巩固执政地位，也有利于改善党的领导方式和执政方式。

（一）建立社会主义市场经济体制的必然要求

依法执政是党治国理政经验的科学总结。党从革命党转变为执政党，是一个重大而深刻的变化。这个变化对党的工作提出了新要求，党依法执政就是其中之一。不难理解，在无产阶级政党夺取和巩固政权的进程中，新旧社会关系错综复杂、变化剧烈，革命的暴力要用枪杆子的力量、用坚强的组织性和纪律性来维护新生的政权。在这一时期，不可能把一切事业都通过法律程序来经营、管理。夺得政权以后，重视法制就是必然的，必须按照法律安排活动。列宁曾说过："假使我们拒绝用法令指明道路，那我们就会是社会主义的叛徒。"[①]"随着政权的基本任务由武力镇压转向管理工作，镇压和强制的典型表现也会由就地枪决转到法庭审

---

① 《列宁全集》第36卷，人民出版社2017年版，第188页。

判。"①"我们的政权愈趋向稳固，民事流转愈发展，就愈需要提出加强革命法制这个坚定不移的口号。"②

新中国成立初期，我们党领导人民为建设社会主义法制作出了许多努力，并要求党员严格遵守国家法律，强调一切党员不论其功劳和职位如何，都不能例外。但由于"左"倾错误思想的影响，从50年代末期起，在党的一元化领导下，党对法制建设工作的领导走形变样。有时虽然制定了法律，却没有相应的权威。甚至"文化大革命"时期，宪法和法律失去了应有作用，让党和国家事业遭到挫折和损失，教训深刻。

党的十一届三中全会以后，以邓小平同志为核心的党的第二代中央领导集体拨乱反正，高度重视并及时把加强社会主义民主法制建设提上重要议程，明确提出为了保障人民民主，必须加强法制。必须使民主制度化、法律化，使这种制度和法律不因领导人的改变而改变，不因领导人的看法和注意力的改变而改变。《建国以来党的若干历史问题的决议》指出："党的各级组织同其他社会组织一样，都必须在宪法和法律的范围内活动。"党的十二大将这一原则载入党章。1982年通过的宪法规定："全国各族人民、一切国家机关和武装力量、各政党和各社会团体、各企业事业组织，都必须以宪法为根本的活动准则，并且负有维护宪法尊严、保证宪法实施的职责。""一切国家机关和武装力量、各政党和各社会团体、各企业事业组织都必须遵守宪法和法律。一切违反宪法和法律的行为，必须予以追究。""任何组织或者个人都不得有超越宪法和法律的特权。"总之，"党必须在宪法和法律范围内活动"的原则，从党的决议上升到了党章和宪法的高度，标志着党在正确处理党与法的关系上实现了飞跃，意味着党向成熟的马克思主义政党不断进步。

---

① 《列宁选集》第3卷，人民出版社1960年版，第498页。
② 《列宁全集》第42卷，人民出版社2017年版，第364页。

我国经济体制改革的目标是建立社会主义市场经济体制，实现由计划经济向市场经济的根本转变。市场经济也是法治经济和权利经济，强调主体平等、规则公平、交易自由、机制有效、活动有序。因此，作为执政党，必须领导人民制定规范市场经济运行的法律制度，使社会主义市场经济的运行与发展有法可依；领导人民严格执行市场经济的有关法律制度，确保社会主义市场经济依法运行；尊重市场经济规律，学会按照经济规律办事，提高领导和驾驭社会主义市场经济的能力与水平，从而使党的执政方式由适应计划经济要求向适应市场经济要求转变。

（二）转变国家治理方式的必然结果

依法执政是我国转变国家治理方式的必然结果。在政治管理模式和社会运行机制上，人类社会发展中的法治因素越来越充分。社会主义社会不是纯粹"人治"的社会，而是重视"法治"的社会。历史证明，一味追求"人治"，可能会给党和国家带来灾难。依法治国作为党领导人民治理国家的基本方略，除了要加强法制建设，更重要的，是要实现国家和社会政治、经济、文化事业在各个领域、各个方面、各个环节的法治化。总之，依法治国是依法执政的逻辑前提和物质基础，依法执政是依法治国在党的执政领域的必然要求。因而在我国加强法治建设的发展进程中，党必须要适应社会主义政治文明建设的要求，依法执政，为我国的法治建设发挥决定性的引导作用。

依法执政是我国转变国家治理方式的必然结果，也是党在新时期巩固执政地位的必然要求。从现代政党发展规律来看，党的执政地位不是与生俱来的，也不是一劳永逸的。不是所有的政党都能够进入国家政权，也不是所有进入国家政权的政党都能始终保持执政地位。一方面，任何政党，如果不能永久地保持对人民群众的忠诚心，不能在变革中发展经济和改善人民生活，就很难引领民众紧紧地跟随它前进。新中国成立后，党的执政的合法性与"政绩合法性"的联系日益密切。另一方面，随着政权的稳定和政治制度的健全，尊重执政的法理型基础也十分重要。也就是说，要将党的领导与法律结合起来，要求党尊重宪法和法律，坚持在法律范围内活动。中国共产党代表最广大人民群众的根本利益，同时，在建设法治国家的目标下，人民的利益和要求是通过法律来体现的。因此，巩固党的执政地位，增强执政合法性基础，最重要的途径，就是党要坚持依法执政，实施党对国家和社会的领导。因为这就意味着执政权力始终来自于人民的授予，并按照人民的意志来行使。这也意味着从制度上法律上保证党的执政活动始终代表最广大人民的根本利益，从而使党的执政地位能够持久地得到人民的信任和拥护，永葆党的先进性和执政地位。

全面推进依法治国，实现党的领导、人民当家作主、依法治国三者有机统一的关键在于党坚持依法执政。依法执政是中国共产党对国家实施领导的法治化，对于推进社会主义民主政治建设，建设社会主义政治文明具有全局性的重要意义。在我国，中国共产党作为执政党，直接执掌国家政权。党坚持依法执政，就是党在国家政权中居于领导地位，并通过宪法和法律，实现党的主张和人民意志的统一，依照法律从事对全体社会成员产生约束力的国家管理活动。因此，党能否坚持依法执政，直接影响着国家权力能否依法行使。只有执政党坚持依法执政，才能保证人民代表大会制度依法运作，保证人民代表大会依法履行国家权力机关的职能，保证行政机关依法行政，保证司法机关司法公正。

（三）共产党执政规律的客观反映

依法执政是党执政环境深刻变化的必然要求。从党执政的国际环境看，经济全球化、政治民主化和文化多样化的特征日益突出。随着我国对外开放的深入，特别是加入WTO以来，党领导国家参与竞争和合作的领域愈来愈广。党领导人民建设国家的市场、资源、法律，不仅包括国内市场，而且包括国际市场、国际资源与国际法。这种国际化的程度会越来越高，在国际交往中的矛盾在数量和程度上都会明显增加。能否妥善处理这些矛盾，直接关系我国的改革开放的成效。因此，为了更好地化解在全球化竞争与合作中产生的矛盾，掌握对外开放和处理国际事务的主动权，不断提高应对国际局势和处理国际事务的能力，有必要提高国家改革与发展的法治水平，首要的就是国家领导核心的中国共产党要依法执政。依法执政是现今世界政党执政的普遍规律和基本的执政方式。我们党的领导地位和执政地位是宪法规定的，党的领导、人民当家作主和依法治国是我国社会主义政治制度的基本特征。法律是党领导国家权力机关制定的，是党的主张和人民意志的共同体现，是人民权利的制度化、法律化。中国共产党需要总结执政党的依法执政方式及其成功经验和失败教训，善于运用法律和国家政权实现党的执政目标和执政宗旨。

从国内环境看，随着改革开放和社会主义市场经济的发展，我国不可避免地形成了经济成分多样化、利益主体多样化、组织形式多样化、就业方式和生活方式的多样化趋势，并且这种多样化态势还在继续发展，使我国传统的政治和社会结构发生了根本性的变化，表现为不同利益主体的利益诉求明显增多，人民内部矛盾增多。党要在这种新的社会发展态势中实现有效的领导和执政，就必须探索和建立与之相适应的执政方式，以反映、整合和回应社会与民众的政治诉求。最大限度上实现社会公平和正义，需要一个法制健全、安定团结的社会，一个公民诚信意识和法律意识空前增强的社会。这就要求党在执政方式上作出表率，坚持依法执政，以带动整个社会确立起真正的法治机制，尊重法律的权威，引导公民用法律手段维护权益、处理矛盾，从而真正营造出心情舒畅、安定团结的社会氛围。

从法理上看，在人民当家作主的国家，法治就是按照反映人民意志的法律进行统治，人民的利益高于一切，执政党的意志必须反映和代表人民的意志。因此，执政党必须崇尚宪法和法律，要根据国家的宪法和法律去制定政策和作出决定，维护宪法和法律的统一和尊严。要善于把成熟的决定和政策及时通过法定程序转化为法律，使社会矛盾和政治经济关系在法律的轨道上得到正确、及时的协调和处理。总之，党依法执政体现了执政规律的基本要求。我们党只有坚持依法执政，善于利用法律手段解决人民内部矛盾，协调处理不同群体之间和群体内部的利益关系，才能加快建设社会主义法治国家的进程，带动广大公民不断增强法律意识，提高守法自觉性，学会依靠法律维护自己的正当权益，防止和减少影响社会安定的问题产生，更有效地打击各种违法犯罪行为，维护社会和政局的稳定，为加快发展创造良好的社会环境。

三、把握好群众工作的"情、理、法"

注重用法治思维和法治方式做好群众工作是国家长治久安的要求，也是民主法治发展的必然。实现这一要求，关键在于自觉坚持群众路线，把握好"情、理、法"相结合原则，使得群众路线在立法、守法、执法等环节予以充分的实现。群众工作的核心是正确处理人民内部矛盾，必须讲究方法、注重策略，要做到"立善法""用善法""善用法"。

（一）以"情"服人，"立善法"

当前，我国仍处于发展的关键期、改革的攻坚期，社会矛盾比较集中。矛盾的性质主要是根本利益一致基础上的非对抗性人民内部矛盾。毛泽东同志曾说过，凡属于思想性质、人民内部争议的问题，只能用民主、讨论、批评、说服教育的方法来解决，而不能用强制、压服的方法来解决。多年以来，浙江枫桥干部群众创造的"依靠群众就地化解矛盾"的"枫桥经验"，对于运用法治思维做好新形势下的群众工作，仍具有较强指导意义。习近平总书记指出："各级党委和政府要充分认识'枫桥经验'的重大意义，发扬优良作风，适应时代要求，创新群众工作方法，善于运用法治思维和法治方式解决涉及群众切身利益的矛盾和问题，把'枫桥经验'坚持好、发展好，把党的群众路线坚持好、贯彻好。"①

"枫桥经验"的一个重要前提，是注重"情"，以"情"服人。一是要有感情。必须满怀对群众的深厚感情，敬人民如父母，视百姓为亲人，树立为民宗旨，强化民本意识，站稳群众立场，想群众之所想，急群众之所急，谋群众之所需。二是要有真情。树立以人民为中心的工作导向，坚持以人为本、以民为本，把实现好、维护好、发展好最广大人民群众的根本利益作为出发点、落脚点，一切从群众立场出发，实现"问政于民、问需于民、问计于民"的常态化，把群众意愿作为工作的"风向标"，把群众评价作为工作的"试金石"，对群众深恶痛绝的事实行"零容忍"，对群众急需急办的事实行"零懈怠"。三是要有热情。满腔热情地为群众鼓与呼，积极主动地为群众谋与求，将工作"围绕上级指标转"转变为"围绕群众需求转"。

以"情"服人相对应的一个重要法治条件，是"立善法"，即将群众路线纳入国家制度体制建设之中，并用法治予以保障。古人说，立善法于天下，则天下治。密切联系群众蕴含了民本、民生、民权等内涵，与

---

① 《习近平关于党的群众路线教育实践活动论述摘编》，党建读物出版社、中央文献出版社2014年版，第72页。

法律正当、法为善法的价值取向所指相同。密切联系群众以法治为保障，在宏观层面上，要把国家经济、政治、文化、社会诸领域的根本性制度上升为立法，用法律的强制力和权威性保障其充分体现。经济制度和政治制度已经在宪法中有明确的规定。文化制度、社会制度虽然在宪法中有所体现，但并不具体，有待时机成熟时，再作出明确的规定。此外上述领域中相关制度的实施，还需要在法律、行政法规等层面，作出更具可操作性的规定，切实保障密切联系群众内化为核心制度体系中的主线。

对于党员干部而言，在立法的层面，要制定一整套法律法规，切实保障每一名党员领导干部践行群众路线。首先，要从源头上规范。从官员政治责任的角度，制定相关法律，将密切联系群众转变为官员与授权的民众之间权责关系条款，督促干部密切联系本辖区内的民众，了解其利益诉求，积极为群众服务，维护民众合法权益。其次，要从行为上规范。从国家公职人员的职业行为的角度，制定程序性规则，为倾听民众的呼声创造条件。如听证程序、申辩程序等。我国的程序性规定还有较大的发展空间。在行政程序法典制定中，反映民众的诉求的程序内容需要进一步充实，实现密切联系群众的制度化、规范化、程序化。最后，要有明确具体的惩治。从治贪防腐的角度，为国家公职人员划定行为底线。脱离群众是官僚主义的主要表现，是腐化堕落的源头。构筑完善的反腐法律体系，应从两方面入手：一方面，发挥制度反腐的预防和震慑作用，使多数党员干部廉洁勤政，守住底线；另一方面发挥其惩治功能，对少数触犯法律、堕落变质的公职人员依法予以处罚，起到警示作用。

（二）以"理"服人，"用善法"

"枫桥经验"的另一个重要内容，是注重"理"，以"理"服人。大量的矛盾纠纷反映的是利益性问题，而非对抗性矛盾。这类问题大多数是由于初始阶段处置不当引起的，解决这类问题关键在于及时协调，在于防、在于疏，而不是单纯地去堵。人无难处不上访。做好群众工作必须要解决好"三心"问题：一是要有热心。要善于换位思考，设身处地为群众着想，多从群众角度看问题，充分理解群众的苦衷。二是要有耐心。要善于运用党的方针政策、法律法规，用辩证思维和联系的、发展的观点，客观理性地分析群众反映的问题，用群众易接受的形式，同群众讲清情况、说明道理，耐心细致地做群众思想政治工作，在面对面循循善诱中解疑释惑，在面对面说服教育中化解矛盾，把大事化小，小事化了。三是要有细心。要善于掌握政策，把握分寸，抓好各项惠民政策的落实和完善，认真细致地从源头上预防和减少矛盾纠纷的发生，综合运用政策、法律、经济、行政等手段和教育、协商、调解等方法，采取群众喜闻乐见的方式，多管齐下地协调利益冲突，将纠纷协调在萌芽状态，将矛盾化解在初始阶段。

对于党员领导干部而言，做到以"理"服人，就要"用善法"，着力解决领导干部法律信仰的问题。一是法治精神和法治意识要扎根于心，这是法治思维法治方式的价值内核和基本理念。法治精神是法治理念的最高层次，代表了法治最美好的境界，是形而上之法。法治精神中的"法律至上、权力制约、人权保障"的内涵永远指引着法治的方向，审视和衡量着法治实践的进程。宪法所承载的"权力制约"和"人权保障"的神圣职责也要入脑入心，这是法治思维、法治方式的具体理念。绝对的权力可能引发绝对的腐败，必须为权力的野马套上制度的牢笼。从群众路线的观点看，群众路线一定意义上也就是约束公权力，使之规范行使，为人民大众服务，保障人民群众所享有的各项权益。二是法律要义和内容要深谙于心，这是法治思维法治方式依存的规则体系。对于肩负国家公权力的领导干部和公职人员而言，其权力来自行政法的明确授权，法无明文规定即为禁止。"合法行政"划清了权力的边界，"合理行政"提出了公正的标准，"程序正当"是公平正义实现的重要载体，"均衡行政"则对"公益""私权"不同的价值选择给出了判断的准绳。对领导干部而言，这套规则体系是高悬于头顶的剑，时刻提醒权力的行使者准确把握行政法所彰显的规范权力、维护秩序、保护公益的功能，厘清"公权"与"私权"的界限，强化规则意识，做到心中有法，自成方圆。三是法律底线铭记于心，这是法治思维法治方式形成的基本约束。法律底线是法律赋予的权力与承担的责任之间的分界。一旦逾越法律底线，就要承担法律责任。法律责任是逾越法律底线之行为人应付出的代价，是一种约束和惩罚。"权力"与"责任"的关系，犹如一枚硬币的两面，共生并存。领导干部要强化底线意识，心中有底线，就会行有所止。在群众工作中，不得侵害群众利益就是行为的底线。对此，习近平总书记反复强调，检验我们一切工作的成效，最终都要看人民是否真正得到了实惠，人民生活是否真正得到了改善，人民权益是否真正得到了保障。没有达到上述标准，说明我们的工作没有达标。另外，领导干部还要强化责任意识。心中有责任，就会心有所畏。法律责任而导致的消极后果时刻提醒领导干部，要慎用手中的权力，不负人民的重托，履行好人民赋予的职责。

（三）以"法"服人，"善用法"

"天下之事，不难于立法，而难于法之必行。"[1]我国有中国特色的法律体系已经建立起来了，"有法可依"之后，"有法必依"显得日益迫切。法律的实施表现在领导干部这一特殊群体中。我国的法治建设之路任重道远，群众权利意识强与法律意识弱在一定时期内的并存是客观状况。一方面，群众反映诉求和民主参与的愿望日益强烈；另一方面，民众懂

---

[1] 《习近平总书记系列重要讲话读本》，人民出版社、学习出版社2014年版，第82页。

法用法的能力水平明显不足、渠道不畅，法律意识薄弱。一些人信奉"信访不信法，信上不信下，信恶不信善""大闹大解决、小闹小解决、不闹不解决"，只问结果不计手段，"以错纠错式"维权。为此，党员干部要善于以法服人。

首先，要教育引导群众树立法治观念，充分认识个人权利的行使，必须在法治的轨道上，以合法的形式表达利益诉求，不得侵犯他人的合法权益，不得损害社会的公共利益，使司法途径成为公民主动自觉而理性的选择，坚持诉访分离，严格实行诉讼案件与信访案件分开办理，坚决纠正"信访不信法"倾向。信访是表达群众利益诉求所采用的一种方式。但是，如果只信访不信法、只信权不信法，将会冲击法律作为社会关系调节的基本治理手段的地位。党的十八届三中全会决定提出，要改革信访工作制度，把涉法涉诉信访纳入法治轨道解决，建立涉法涉诉信访终结制度。如果法治轨道不能把民众带到公平正义的终点，那么，信访仍然会成为民众首选的反映问题的渠道。这也说明，基层领导干部在民众诉求产生之初，就要运用法治思维和法治方式做说服和解释工作，能够解决的问题依法公平地解决，把问题化解于未然；确实不能解决的，按照现有法律规定引导民众到有关部门反映、解决。使涉法涉诉案件始终在法治的轨道上运行，得到妥善的解决，不至于"出轨"或"脱轨"。

其次，要善于运用法规政策，依法履职，在法治轨道上推动各项工作的开展，把群众工作纳入法治轨道，切实保障群众合法权益。现实中，仍存在着一些"有法不依"的现象。如："行政立法的部门化"，以法扩权，以法争利，在立法中强化部门的利益，漠视民众权利，淡化责任条款；"选择性执法"，对现行法律中授予职权的条款严格执行，对于要求国家机关履行职责，维护公民权利的条款不执行或不完全执行；更有甚者，无视法律权威，公然违反法律规定，侵害公民的合法权利。上述行为都是对群众利益的极大损害，对党群干群关系的极大破坏。同时，要畅通群众利益诉求的表达渠道。赋予民众知情权、表达权，参与权、监督权；表达权以知情权为前提，以参与权为延伸，以监督权为保障。

当前，互联网技术的发展，为民众反映利益诉求提供了信息化平台，公民在网上表达等新诉求表达形式也不断得到拓展。要切实保护公民的言论自由，把握公民舆论监督与官员权利保护的界限，为民众的诉求表达创造平台和空间。

最后，要着力构建多元化的纠纷解决体系，善于运用法治思维法治方式化解人民群众的利益纠纷。要充分发挥调解在化解人民内部矛盾中的基础作用，用好人民调解、行政调解、司法调解的手段。调解具有程序宽松、当事人双方沟通充分、化解双方情绪、利于执行等优势。同时，调解也符合中国传统文化中"和为贵"的思想和"厌讼"的文化，更易为纠纷双方所接受。所以，可以充分发挥调解制度在化解矛盾纠纷中的基础作用。同时，要以诉讼为基础，建设好公平正义的最后一道屏障。只有树立司法权威，才能使民众信仰法律，更积极主动地走司法途径解决纷争。特别是在"民告官"的行政诉讼中，行政机关要完善行政应诉制度，积极配合人民法院的行政审判活动，支持人民法院依法独立行使审判权。这有助于维护司法权威。总之，在多元化的纠纷解决体系制度设计过程中，既要清晰界线，又要强化不同方式之间的衔接与协调，为用法治思维法治方式化解纠纷构建比较完善的体制和机制。

突然出现的新冠肺炎疫情，冲击着民众情绪，全国公众心弦一直紧绷。此时，政府部门如何应对，是对国家治理能力现代化的严峻考验，然而越是紧急时刻，越是法治信念的试金石，更要坚持社会治理中的"情、理、法"融合。

我国当前防疫的许多举措都是在疫情愈演愈烈的紧急情况下采取的，

而诸如封城、强制隔离等举措在一定程度上必然会给公众的日常生活带来不便。同时，相关的防控举措也要具有法律依据，不能违背基础性法律原则，在具体的政策制定时更要"合情""合理"。此处的"情"，不是一种个体与个体之间的私人情感，更不是一种低俗化的"世故""情面"，而是一种"人之常情"。例如，曾经引发争议的个别支援武汉的医疗队中女性医护人员全员剃光头事件。如果是个人意愿表达，自然是无可厚非，但如果是领导的硬性指示，显然罔顾人之常情。类似的还有怀胎九月依然在一线参与救护的防疫人员等，都是如此。紧急时期公权力需要特定的扩张，但如果严重违背"理"，显然无法获得公众认同。例如，近期出现了许多防疫人员，随意闯入居民住宅、随意对未带口罩的公众采取强制措施，对确诊、疑似病例居家隔离的住宅用电焊封死，将下楼遛狗的居民的宠物狗摔死，小区物业不让租户进入等所谓的"硬核"防疫举措，甚至出现了扇耳光、游街、捆绑、反铐等明显侵犯人权的粗暴执法行为，在公众的常理认知下，这些显然不是合理的防疫举措，自然会引发公众对防疫举措的反感与排斥。此外，疫情防控治理中的"情"和"理"都不能逾越"法"的边界，换言之，"情"与"理"的考量都应在"法"之范围内。实际上，立法者在立法时就已然纳入了"情、理"考量，"法"是一种以国家权威和强制力为保障的"规范化情理"，只不过在许多具体法律适用中，法律适用者忽视了法律背后的情理内涵，对法律解读过于机械化，才导致了法律适用违背立法的初衷，导致了"法"同"情、理"的冲突。要处理好"情、理、法"的关系，说到底，需要党员干部秉持全心全意为人民服务的宗旨，真正贯彻好群众路线。

第六章

带领群众艰苦奋斗、勤劳致富

艰苦奋斗精神是中华民族的传统美德和民族精神，在中国共产党的百年奋斗历程中，始终重视用艰苦奋斗精神教育和武装全党，艰苦奋斗精神始终是党凝聚人心、带领人民群众艰苦奋斗、克敌制胜的强大力量和特有优势。实现中华民族伟大复兴，离不开群众路线和群众工作，党员领导干部仍然需要弘扬艰苦奋斗精神，科学地理解艰苦奋斗精神的时代内涵，秉承简约朴素、吃苦耐劳的生活态度，保持昂扬向上、奋发图强的精神风貌，践行坚韧不拔、求真务实的工作作风，带领群众为实现美好生活的向往而奋斗。

一、艰苦奋斗是中国共产党人的品质

中国共产党带领中国人民站起来、富起来、强起来的伟大成就，是以优良作风为凝聚人心、焕发磅礴力量的基础的。习近平总书记指出："我们党是靠自力更生、艰苦奋斗起家的。'靡不有初，鲜克有终。'虽然我国已经成为世界第二大经济体，各方面实力大大增强，生活条件大大改善，但我们决不能丢掉自力更生、艰苦奋斗的传家宝。自力更生、艰苦奋斗是我们共产党人的品质，是我们立党立国的根基，也是党员、干部立身立业的根基。"①

（一）艰苦奋斗是共产党人的政治本色

艰苦奋斗是共产党人的政治本色。自1848年《共产党宣言》发表以来，无产阶级政党就以消灭私有制、解放全人类、实现共产主义为己任，以为绝大多数人谋利益为根本宗旨。而消灭私有制、解放全人类、实现共产主义是一个漫长的历史过程，需要一代又一代的共产党人进行长期不懈的艰苦努力。如果抛弃艰苦奋斗精神，共产党的性质就会改变，为最广大人民谋利益的宗旨就会成为一句空话。只有坚持艰苦奋斗，共产党才能领导人民群众为实现自身的根本利益团结奋斗并取得胜利。抗日战争时期，美国记者斯诺从毛泽东住窑洞、周恩来睡土炕、彭德怀穿缴获的降落伞缝制的背心等平凡小事上，看到了中国共产党必然胜利的历史结局，并将这种艰苦奋斗精神誉为"东方魔力"。正是依靠这种"东方魔力"，我们党领导人民取得了革命、建设和改革的一个又一个伟大胜利。可以说，艰苦奋斗精神是我们党的传家之宝、创业之本、取胜之道。

我们党靠艰苦奋斗白手起家，靠艰苦奋斗兴旺发达，艰苦奋斗是党的生命所系。没有艰苦奋斗，就没有党的过去和现在，也不可能有党的未来。当然，我们讲艰苦奋斗，不是要为吃苦而吃苦，也不是要否定合理的物质利益，而是要大力提倡艰苦奋斗、自强不息、与时俱进、开拓创新的精神。在新的历史条件下，有些党员干部在如何看待艰苦奋斗的问题上存在着种种认识上的误区：一是过时论。认为在革命战争年代，物质条件异常艰难，提倡艰苦奋斗确实很有必要；现在搞市场经济，"人民生活总体上达到了小康水平"，再讲艰苦奋斗已经"不合时宜"。二是小

---

① 《总书记这样话奋斗》，《人民日报》2022年5月2日。

节论。把艰苦奋斗看成是无关大局的"小事",把追求物质享受看成是生活"小节"。三是吃亏论。认为自己有能力、有资历、有贡献,没有功劳有苦劳,没有苦劳有疲劳,而所得回报是待遇低、工资低,总感到吃了亏,因而精神不振,工作应付,牢骚不少。这些认识显然是片面的和错误的。

要清醒地看到,我们党仍面临着种种挑战和考验,我们的工作中仍存在困难和风险,必须切实增强忧患意识,牢固树立长期艰苦奋斗的思想。同时,对艰苦奋斗精神的内涵也要有正确理解。我们党倡导的艰苦奋斗立足于艰苦、着眼于奋斗,是一种奋发向上、一往无前的精神状态,不畏艰难、百折不挠的坚强意志,自强不息、开拓进取的思想品格,脚踏实地、锲而不舍的坚韧毅力,兢兢业业、无私奉献的工作态度。总之,艰苦奋斗,作为党的光荣传统和优良作风,作为马克思主义政党的政治本色,是凝聚党心民心,激励全党和全体人民为实现国家富强、民族振兴而共同奋斗的强大精神力量。这是艰苦奋斗精神的实质所在。

(二)艰苦奋斗精神是党的宝贵精神财富

艰苦奋斗精神是中华民族的传统美德和民族精神。艰苦奋斗精神之所以能够在中华大地发扬光大,根本原因在于我们民族历来重视这方面的传承。几千年来,中国的思想家都始终非常重视人才培养过程中艰苦奋斗精神的养成,强调"俭,德之共也;侈,恶之大也"。勤俭持家是中华民族的古老传统。正是这一奋斗不息的精神,使华夏文明延续五千年而生生不息,艰苦奋斗精神是我们民族精神的基因。

中国共产党历来高度重视用艰苦奋斗精神教育和武装全党。毛泽东同志在人民民主革命即将取得全国胜利的时刻,富有洞察力地告诫全党:"因为胜利,党内的骄傲情绪,以功臣自居的情绪,停顿起来不求进步的情绪，贪图享乐不愿再过艰苦生活的情绪，可能生长。"①"务必使同志们继续地保持谦虚、谨慎、不骄、不躁的作风，务必使同志们继续地保持艰苦奋斗的作风。"②邓小平同志在领导中国人民开创建设有中国特色社会主义伟大事业的进程中，反复教诲全党要保持艰苦奋斗的创业精神，指出"艰苦奋斗是我们的传统，艰苦朴素的教育今后要抓紧，一直要抓六十至七十年。我们的国家越发展，越要抓艰苦创业。提倡艰苦创业精神，也有助于克服腐败现象"。我们党始终清楚地意识到，艰苦奋斗，事业必成；贪图享受，自毁前程。要发扬党的优良传统，使勤俭建国、勤俭办一切事业在全党全社会蔚然成风。中国共产党一百多年来的光辉历程，让我们可以从中华民族伟大复兴的广阔视角，回顾和思考艰苦奋斗精神的重要作用。可以说，中国共产党的百年历史，是把马克思列宁主义的普遍真理同中国实践相结合而不断追求真理、开拓创新的一百年，是为民族解放、国家富强和人民幸福而不断艰苦奋斗、奋发图强的一百年，是为完成肩负的历史使命而不断经受考验、发展壮大的一百年。建党百年来，我们党进行的一切奋斗，归根到底都是为了最广大人民的利益。在革命战争年代，党号召全党同志不怕牺牲、前仆后继地为革命的胜利而英勇斗争。新中国成立后，党告诫全党同志谦虚谨慎，戒骄戒躁，永远保持艰苦奋斗的革命精神。在新时代，党要求全党同志必须经得起改革开放和执政的考验，带领人民群众为实现社会主义现代化而勤奋工作。所有这些，都是为了实现好、维护好和发展好最广大人民的利益，始终保持党同人民群众的血肉联系。

艰苦奋斗与勤俭节约、谦虚谨慎密不可分。中国共产党是靠艰苦奋斗、勤俭节约起家的，也是靠艰苦奋斗、勤俭节约发展壮大、成就伟业、

---

① 《毛泽东选集》第4卷，人民出版社1991年版，第1438页。
② 《毛泽东选集》第4卷，人民出版社1991年版，第1438—1439页。

创造辉煌的。从某种意义上讲，我们党的历史就是一部艰苦奋斗、勤俭节约、历经磨难、自强不息、千锤百炼、从胜利走向胜利的历史。艰苦奋斗、勤俭节约是我们党的优良传统、宝贵财富、克敌制胜的法宝。毛泽东同志在新中国成立初期指出："要使我们国家富强起来，需要几十年艰苦奋斗的时间，其中包括执行厉行节约、反对浪费这样一个勤俭建国方针。"邓小平同志在20世纪80年代曾指出："中国如果不普遍地提倡艰苦奋斗、勤俭节约，要在本世纪末实现国民生产总值翻两番的目标就不能达到。"①"艰苦奋斗还是要讲，一点不能疏忽，要勤俭办一切事情，才能实现我们的目标。"②党的十八大以来，以习近平同志为核心的党中央作出"关于改进工作作风、密切联系群众"的"八项规定"，提出狠刹形式主义、官僚主义、享乐主义、奢靡之风。习近平同志告诫全党，以史为鉴可以知兴替，牢记"四个不容易"，是共产党人新时代的"两个务必"。艰苦奋斗、勤俭节约思想像一条红线贯穿于我们党革命、建设、改革实践历程之中。"过去我们党靠艰苦奋斗、勤俭节约成就伟业，现在我们自然要用这样的思想指导工作。"实践证明，艰苦奋斗、勤俭节约的思想永远不能丢，必须在新时代更加一以贯之、发扬光大。

（三）艰苦奋斗不是过"苦行僧"式的生活

党的十八大以来，习近平总书记围绕中国共产党历史发表了一系列重要论述，系统回顾了我们党团结带领中国人民不懈奋斗的光辉历程，深入总结党在各个历史时期创造的理论成果、积累的宝贵经验、铸就的伟大精神，强调艰苦奋斗、勤俭节约的思想永远不能丢，必须在新时代更加一以贯之、发扬光大。这些重要论述立意高远，内涵丰富，思想深刻，

---

① 中共中央文献研究室：《文献与研究（一九八五年汇编本）》，人民出版社1986年版，第227页。
② 中共中央文献研究室：《邓小平思想年谱（1975—1997）》，中央文献出版社1998年版，第399页。

为广大党员干部保持艰苦奋斗的优良作风提供了遵循。

首先，艰苦奋斗精神是一种简约朴素、吃苦耐劳的生活态度。艰苦奋斗远不只是从形式上节衣缩食，过"苦行僧"式的生活。随着经济的发展和人民生活水平的提高，从形式上一味追求低水平物质生活，也是与社会主义的本质要求不相符的。但这决不意味着我们可以铺张浪费，养成奢靡享乐之风。恰恰相反，应当保持忧患意识，大力提倡简约朴素、吃苦耐劳的生活态度和社会风尚，大力提倡勤俭办事。习近平总书记指出，我们艰苦奋斗，不是要求党员干部像当年那样过"红米饭，南瓜汤，挖野菜，也当粮"的日子，而是不丢勤俭节约的传统美德，不丢廉洁奉公的高尚情操。①

其次，艰苦奋斗精神是一种志存高远、发愤图强的人生境界。马克思曾说过，在科学上没有平坦的大道，只有不畏劳苦沿着陡峭山路攀登的人，才有希望到达光辉的顶点。这句话揭示了实现远大理想之路的艰巨性和长期性，也揭示了实现远大理想的唯一途径是艰苦奋斗。习近平总书记在纪念红军长征胜利八十周年大会上指出："伟大长征精神，就是把全国人民和中华民族的根本利益看得高于一切，坚定革命的理想和信念，坚信正义事业必然胜利的精神；就是为了救国救民，不怕任何艰难险阻，不惜付出一切牺牲的精神；就是坚持独立自主、实事求是，一切从实际出发的精神；就是顾全大局、严守纪律、紧密团结的精神；就是紧紧依靠人民群众，同人民群众生死相依、患难与共、艰苦奋斗的精神。"②习近平总书记在纪念五四运动一百周年大会上强调："奋斗是青春最亮丽的底色。'自信人生二百年，会当水击三千里。'民族复兴的使命要靠奋斗来实现，人生理想的风帆要靠奋斗来扬起。没有广大人民特别是一代代青年前赴

---

① 参见《发扬井冈山精神　做合格共产党员》，《学习时报》2016年6月2日。
② 习近平：《在纪念红军长征胜利80周年大会上的讲话》，人民出版社2016年版，第8—9页。

后继、艰苦卓绝的接续奋斗，就没有中国特色社会主义新时代的今天，更不会有实现中华民族伟大复兴的明天。千百年来，中华民族历经苦难，但没有任何一次苦难能够打垮我们，最后都推动了我们民族精神、意志、力量的一次次升华。今天，我们的生活条件好了，但奋斗精神一点都不能少，中国青年永久奋斗的好传统一点都不能丢。在实现中华民族伟大复兴的新征程上，必然会有艰巨繁重的任务，必然会有艰难险阻甚至惊涛骇浪，特别需要我们发扬艰苦奋斗精神。"①

最后，艰苦奋斗精神是一种坚韧不拔、求真务实的工作作风。在实现理想或目标的道路上，充满矛盾和困难，需要付出艰辛的劳动。习近平总书记指出："'路漫漫其修远兮，吾将上下而求索。'全党同志一定要不忘初心、继续前进，永远保持谦虚、谨慎、不骄、不躁的作风，永远保持艰苦奋斗的作风，勇于变革、勇于创新，永不僵化、永不停滞，继续在这场历史性考试中经受考验，努力向历史、向人民交出新的更加优异的答卷！"②他同时强调："实现伟大的理想，没有平坦的大道可走。夺取坚持和发展中国特色社会主义伟大事业新进展，夺取推进党的建设新的伟大工程新成效，夺取具有许多新的历史特点的伟大斗争新胜利，我们还有许多'雪山'、'草地'需要跨越，还有许多'娄山关'、'腊子口'需要征服，一切贪图安逸、不愿继续艰苦奋斗的想法都是要不得的，一切骄傲自满、不愿继续开拓前进的想法都是要不得的。"③

二、艰苦奋斗是从胜利走向新的胜利的法宝

我们党的性质、宗旨和肩负的历史使命，决定了我们党必须坚持艰苦

---

① 《十九大以来重要文献选编》中，中央文献出版社2021年版，第31页。
② 习近平：《在庆祝中国共产党成立95周年大会上的讲话》，人民出版社2016年版，第28页。
③ 习近平：《在纪念红军长征胜利80周年大会上的讲话》，人民出版社2016年版，第11页。

奋斗的政治本色。历史证明，共产党人之所以能战胜一切艰难险阻，创建伟大基业，与带领群众艰苦奋斗的作风是分不开的。随着经济社会的发展和生活条件的改善，艰苦奋斗的精神在有些人的头脑中渐渐淡化了，奢靡享乐之风时有显现。古人说，"忧劳可以兴国，逸豫可以亡身"，"滋生骄逸之端，必践危亡之地"。艰苦奋斗是我们共产党人一个重大而长期的课题，任何时候都不能丢，应永不褪色、代代相传。

（一）历览前贤国与家，成由勤俭败由奢

历史的教训不能忘记。1944年3月19日，著名历史学家郭沫若开始在重庆《新华日报》上连载《甲申三百年祭》这篇文章。300多年前的1644年，李自成领导农民起义军，经过16年艰苦奋斗，浴血奋战打进了北京，崇祯皇帝在煤山上吊自杀，标志着建立了276年的明王朝灭亡。这篇文章，总结了明朝灭亡的教训，揭示了李自成失败的原因，也影射鞭挞了国民党反动政府的腐败。明王朝为什么会灭亡？主要在于官吏的腐败。李自成打进北京，建立了大顺王朝以后，被胜利冲昏头脑，将领们以为天下太平，生活腐化，骄奢淫逸，互相争权夺利，军纪败坏。大顺政权在北京只存活了41天，真所谓"其兴也浡焉，其亡也忽焉。"

在井冈山革命博物馆中，至今保存着一盏陈旧的油灯。90多年前的八角楼里，这盏只有一根灯芯的油灯，点燃了中国革命的星星之火，照亮了中国革命的光辉道路。在井冈山斗争时期，由于敌人的封锁，红军物资非常匮乏，食盐、布匹、药材等日用必需品处在极其短缺的状态之中。为了战胜困难，毛泽东同志亲自向红军宣布了一个规定：连以上单位办公时用一盏灯，可以点三根灯芯；连队带班、查哨时用一盏灯，只准点一根灯芯。按照这一规定，毛泽东同志晚上可使用三根灯芯办公，但为了带头发扬勤俭节约精神，他始终坚持使用一根灯芯。警卫员担心

昏暗的灯光会损害他的视力，所以每到天黑，就偷偷在灯里加上两根灯芯。但毛泽东同志一看到就悄悄地挑去两根灯芯。就是在这束微弱的灯光下，毛泽东同志通宵达旦、奋笔疾书，写下了《中国的红色政权为什么能够存在？》《井冈山的斗争》两篇光辉著作，为中国革命指明了前进方向。

这盏有着"一根灯芯著雄文"传奇故事的油灯，不仅见证了毛泽东同志领导革命斗争的伟大实践，而且彰显出中国共产党人艰苦奋斗、勤俭节约的政治本色和优良作风。2016年2月，习近平总书记在江西考察时瞻仰了井冈山革命烈士陵园，参观了八角楼革命旧址群，并强调："艰苦奋斗是我们党的政治本色和优良传统，也是井冈山精神的基石。当年，井冈山条件十分艰苦，国民党军队反复进攻和严密封锁，军民面临的处境极为困难。就是在这样的条件下，我们党领导人民不畏强敌、不畏艰难，开辟了第一个农村革命根据地，取得了多次反'进剿'、'反会剿'的胜利。现在，我们国家面貌和人民生活发生了翻天覆地的变化，但艰苦奋斗精神永远不能丢，丢了就会腐化堕落。"

艰苦奋斗是我们党的政治本色和优良传统，也是井冈山精神的基石。回望百年征程，从红船启航到南昌起义，从抗日战争到解放战争，从建国兴业到改革开放再到新时代，一代代中国共产党人正是靠着艰苦奋斗、勤俭节约、自力更生，团结带领中国人民从石库门走到了天安门、从兴业路走到了复兴路，攻克了一个又一个看似不可能攻克的难关，创造了一个又一个彪炳史册的人间奇迹，推动中华民族伟大复兴进入了不可逆转的历史进程。中国共产党是一个把握大势、合乎潮流、顺势而为、善于引导的政党，在不同的历史时期，党能够见微知著、准确识变、科学应变、主动求变，作出科学预见、准确判断，为全党指明前进方向。全国解放前夕，毛泽东同志提出的"两个务必"，既是对全党工作重点转移后的重要提醒，又为全党在"进京赶考"新征程指明方向。"两个务必"影响了几代共产党人，成为当代共产党人矢志不渝、坚持不懈的根本遵循。在实现中华民族伟大复兴越来越接近目标的今天，习近平总书记重提艰苦奋斗、勤俭节约，是在新时代新征程上对全党的又一次提醒："伟大梦想不是等得来、喊得来的，而是拼出来、干出来的。我们现在所处的，是一个船到中流浪更急、人到半山路更陡的时候，是一个愈进愈难、愈进愈险而又不进则退、非进不可的时候。"新的长征路上，还有许多"雪山""草地"需要跨越，还有许多"娄山关""腊子口"需要征服。艰难困苦、玉汝于成。历史经验告诉我们，中国共产党之所以能不断取得胜利，一个重要原因就是有艰苦奋斗这一重要"法宝"。

（二）共产党人的"辛苦指数"转化成为老百姓的"幸福指数"

艰苦奋斗是共产党人的传家宝。我们党就是靠艰苦奋斗起家的，也是靠艰苦奋斗发展壮大、成就伟业的，艰苦奋斗是人民群众的幸福之源。"以史为镜，可以知兴替。"在井冈山时期，靠艰苦奋斗创业，红军吃着红米饭，喝着南瓜汤，使星星之火开始燎原，人民有了希望；在长征时期、延安时期，靠艰苦奋斗发展壮大，长征的艰难困苦，延安的大生产运动，把人民的负担降至最低；在抗日战争和解放战争时期，我们靠艰苦奋斗和小米加步枪打败了日本帝国主义和蒋介石的800万军队，建立起了人民当家作主的新中国，中国人民终于站起来了；在社会主义革命和建设时期，我们靠艰苦奋斗创造了辉煌，让老百姓有了强大的底气和信心；在改革开放的新时代，我们靠艰苦奋斗，书写了为世人称奇的新篇章，中国人民富起来强起来了。

兰考人民的好书记焦裕禄带领群众兴利除弊的故事人人皆知。1962年12月，焦裕禄被调到河南兰考县，先后任县委第二书记、书记。焦裕禄来到兰考，发现当地正遭遇严重的灾荒，全县的粮食产量下降到历史的最低水平。焦裕禄同志亲自率领干部、群众进行了小面积翻淤压沙、翻淤压碱、封闭沙丘试验。通过一年极其艰苦的奋战，兰考的除"三害"工作取得了明显的成效，三害"内涝、风沙、盐碱"逐步得到有效治理，人民的生活水平显著提高。

2021年2月25日，是人类历史上值得铭记的日子。就在这天，习近平总书记向全世界庄严宣告：经过全党全国各族人民共同努力，在迎来中国共产党成立一百周年的重要时刻，我国脱贫攻坚战取得了全面胜利，现行标准下9899万农村贫困人口全部脱贫，832个贫困县全部摘帽，12.8万个贫困村全部出列，区域性整体贫困得到解决，完成了消除绝对贫困的艰巨任务，创造了又一个彪炳史册的人间奇迹！2012年年底，党的十八大召开后不久，党中央就郑重承诺"决不能落下一个贫困地区、一个贫困群众"，拉开了新时代脱贫攻坚的序幕。2013年，党中央提出精准扶贫理念，创新扶贫工作机制。2015年，党中央召开扶贫开发工作会议，提出实现脱贫攻坚目标的总体要求，实行扶持对象、项目安排、资金使用、措施到户、因村派人、脱贫成效"六个精准"，实行发展生产、易地搬迁、生态补偿、发展教育、社会保障兜底"五个一批"，发出打赢脱贫攻坚战的总攻令。

中国共产党上下同心、尽锐出战，把全面从严治党要求贯穿脱贫攻坚全过程和各环节，拿出抓铁有痕、踏石留印的劲头，把脱贫攻坚一抓到底。突出实的导向、严的规矩，不搞花拳绣腿，不搞繁文缛节，不做表面文章，坚决反对大而化之、"撒胡椒面"，坚决反对搞不符合实际的"面子工程"，坚决反对形式主义、官僚主义，把一切工作都落实到为贫困群众解决实际问题上。实行最严格的考核评估，开展扶贫领域腐败和作风问题专项治理，建立全方位监督体系，真正让脱贫成效经得起历史和人民检验。

中国共产党攻坚克难、不负人民，披荆斩棘、栉风沐雨，发扬钉钉子精神，敢于啃硬骨头，攻克了一个又一个贫中之贫、坚中之坚。在伟大的脱贫攻坚精神的引领下，数百万扶贫干部倾力奉献、苦干实干，同贫困群众想在一起、过在一起、干在一起，将最美的年华无私奉献给了脱贫事业，涌现出许多感人肺腑的先进事迹。在脱贫攻坚斗争中，1800多名同志将生命定格在了脱贫攻坚的征程上，生动诠释了共产党人的初心使命。

（三）人格的力量是无穷的

艰苦奋斗、勤俭节约凝聚强大力量。共产党人之所以能够赢得人民拥护，汇聚起人民群众干事创业的磅礴力量，一是源于真理的力量，二是源于人格的力量。真理的力量就在于坚持和发展马克思主义和马克思主义中国化的最新成果，实事求是、与时俱进、坚持真理、探索规律，在实践创新的基础上进行理论创新，始终占据真理和道义的制高点，用真理的力量唤起人民群众同心干。人格的力量就在于人格是真理的化身，是人们看得见、听得进、感受得到、信得过的真理。为什么我们党在五六十年代的艰苦创业、非常困难时期，能够使人民群众认定共产党、坚定跟党走，在党的领导下建设社会主义国家，汇聚起万众一心、无坚不摧的磅礴力量？就在于我们党和党的领袖与人民群众同甘苦、共患难、心连心，同舟共济、勇闯难关。为什么党的十八大以来中国人民的积极性创造性最大化地释放出来、迸发出来，创造出令人瞩目、影响世界的中国精神、中国价值、中国力量？就在于以习近平同志为核心的党中央率先垂范、以上带下、向我看齐，提倡艰苦奋斗，密切联系群众，用实际行动取信于民。艰苦奋斗、勤俭节约在全体人民中取得共识、凝聚合力，激励人民群众为创造幸福美好的未来而不懈奋斗。

艰苦奋斗是我们共产党人特有的政治品质。艰苦奋斗是一种精神力量，是一种思想境界。共产党人有了"艰苦奋斗"这个"本"，就有了浩然正气，就能去掉奢靡之气，从而赢得他人的拥护和爱戴。延安时期，抗日爱国将领续范亭到延安考察，当他见到朱德总司令时不胜惊讶。因为他没有想到，身经百战、威震敌胆的八路军总司令竟穿着粗布衣衫，像个普通庄稼汉，平时吃的也和普通战士一样。续范亭感动至深，挥毫赋诗："敌后撑持不世功，金刚百炼一英雄。时人未识将军面，朴素浑如田舍翁。"艰苦奋斗是精神，也是品德，标志着勤俭朴素、惜物节用与奢侈淫逸、暴殄天物的界限。著名历史学家范文澜1934年被当作共产党的嫌疑分子抓进监狱。当有人找陈立夫保释说情时，陈立夫问："你们怎么知道范文澜不是共产党呢？"答曰：范文澜生活俭朴，平时连人力车都不坐，常步行上班，不吸烟，不酗酒，并把薪金捐给学校图书馆买书……陈立夫听了顿时拍案："这不正好证明他是共产党吗？只有共产党才有这样的傻子！"原来生活俭朴竟成为共产党员的证据！

延安时期中央领导人在践行艰苦奋斗精神方面以身作则、率先垂范。毛泽东、刘少奇、周恩来、朱德等中央领导人与群众同甘共苦，共渡难关，已是众所周知。中国共产党人不仅保持了艰苦奋斗的优良作风，而且将艰苦奋斗与廉政建设和勤俭节约融为一体，做到廉洁奉公和厉行节约。为了防止腐败和铺张浪费，边区政府制定并颁布了《陕甘宁边区政务人员公约》，公约第五条明确规定，政务人员必须公正廉洁，奉公守法，不徇私情，不贪污，不受贿，不赌博，不腐化，不堕落。边区政府建立了统收统支的财政制度，严格划分了收入、支出、保管和审核四大系统，相互制约，以防止贪污浪费现象的发生。边区政府规定，公私费用必须严格分开，一切私人开支，均"不能出公家账"。禁止办"高级酒席"，除接待外宾外，一切大会、节庆、纪念、婚丧，不论公家还是私人，不得铺张浪费。同时，上至边区政府主席，下至乡政府乡长，都不发薪饷，实行最低的津贴制度（每月津贴一元五角到五元不等），其收入不得超过普通工人的工资水平。由于思想教育到位，制度执行有力，因而边区政府树立了清廉形象，与当时的国民党政府贪污成风、寡廉鲜耻的腐败现象形成了强烈对比。

三、践行自力更生、艰苦奋斗的优良作风

中国共产党从成立之日起，就坚持把为中国人民谋幸福、为中华民族谋复兴作为初心使命，践行自力更生、艰苦奋斗的优良作风。

（一）树立自力更生的志气

人民是真正的英雄，英雄要有志气和智慧。党员领导干部要提升群众工作能力，带领群众艰苦奋斗、勤劳致富，很重要的一点就是激发人民群众自力更生、艰苦奋斗的内生动力。这对人民群众创造自己的美好生活至关重要。建党百年以来，中国人民摆脱贫困，走上小康之路，再清楚不过地说明了这一点。习近平总书记指出："用好外力、激发内力是必须把握好的一对重要关系。对贫困地区来说，外力帮扶非常重要，但如果自身不努力、不作为，即使外力帮扶再大，也难以有效发挥作用。"[①]"志之难也，不在胜人，在自胜。"脱贫致富贵在立志，只要有志气、有信心，就没有迈不过去的坎。针对一些地方出现的"干部干，群众看"现象和一些贫困群众"靠着墙根晒太阳，等着别人送小康"观念，习近平总书记强调："脱贫攻坚，群众动力是基础。必须坚持依靠人民群众，充

① 《习近平扶贫论述摘编》，中央文献出版社2018年版，第139页。

分调动贫困群众积极性、主动性、创造性。"①要引导贫困群众增强主体意识，树立"宁愿苦干、不愿苦熬"的观念，鼓足"只要有信心，黄土变成金"的干劲，发扬自力更生精神，激发改变贫困面貌的决心，变"要我脱贫"为"我要脱贫"。

20世纪80年代，福建省宁德地区所辖9个县中有6个是国家级贫困县，120个乡镇中有52个是省级贫困乡镇。面对闽东落后的实际，习近平同志担任宁德地委书记期间，遍访闽东9县，提出了扶贫先扶志和扶智的理念。今天，宁德这只曾经的"弱鸟"，不仅摘掉了贫困的帽子，而且羽翼渐丰，经济社会发展呈现良好态势。宁德的摆脱贫困事业是习近平总书记亲自开篇破题的，宁德乡村振兴工作也是习近平总书记亲自谋划推动的。过去积弱贫困的宁德，之所以能从"老少边岛贫"地区蜕变为摆脱贫困的"中国窗口"，根本在于习近平总书记带领闽东人民确立自力更生、艰苦奋斗的脱贫志向。他抓住摆脱贫困这个主要矛盾来施政，对宁德的发展思路是很清晰的。他提出扶贫先扶志，先要解决思想上的贫困问题，强调地方贫困，观念不能"贫困"，要淡化"贫困意识"。1989年10月，在习近平总书记倡导下，宁德地委在屏南县仙山牧场举办地委学习中心组读书班，把所有县委书记集中起来学习，统一思想，并且通过各种会议和宣传在广大群众中倡导自力更生、艰苦奋斗的闽东精神，营造勇于通过奋斗摆脱贫困的氛围。

有了努力摆脱贫困的志向，还得有勤劳致富的手段和头脑。习近平总书记说："我常讲，扶贫要同扶智、扶志结合起来。智和志就是内力、内因。"②摆脱贫困首要的不是摆脱物质的贫困，而是摆脱意识和思路的贫困。扶贫既要富口袋，也要富脑袋，要引导贫困群众依靠勤劳双手和顽

---

① 《习近平扶贫论述摘编》，中央文献出版社2018年版，第143页。
② 《在深度贫困地区脱贫攻坚座谈会上的讲话》，人民出版社2017年版，第16页。

强意志摆脱贫困、改变命运；既要加大投入进行"输血"，又要提高贫困地区和贫困群众的"造血"能力，用发展的办法消除贫困根源。俗话说得好，家有良田万顷，不如薄技在身。要加强老区贫困人口职业技能培训，授之以渔，使他们都能掌握一项就业本领。

2018年2月11日，习近平总书记在四川大凉山腹地考察时，一位彝族村民说以前她生病了，以为是有鬼附身。总书记说，过去的确是有"鬼"的，愚昧、落后、贫穷就是"鬼"。这些问题解决了，有文化、讲卫生，过上好日子，"鬼"就自然被驱走了。一定要驱走愚昧落后贫穷这些"鬼"！"穷"和"愚"是互为因果的恶性循环，如何破解？习近平总书记给出了答案：要坚持以促进人的全面发展的理念指导扶贫开发，提升贫困群众教育、文化、健康水平和综合素质，振奋贫困地区和贫困群众精神风貌。他强调，要紧紧扭住教育这个脱贫致富的根本之策，再穷不能穷教育、再穷不能穷孩子，不让孩子输在起跑线上，努力让每个孩子都有人生出彩的机会，尽力阻断贫困代际传递。

（二）培养敢于拼搏的勇气

领导干部要带领群众艰苦奋斗，必须保持奋发向上的昂扬状态。毛泽东同志曾说过："人是要有点精神的。"邓小平同志也指出："没有革命的精神就没有革命的行动。"习近平总书记强调："良好的精神状态是做好一切工作的重要前提。"所以，奋发向上的昂扬状态，不是靠喊口号喊出来的，是撸起袖子加油干出来的。党的历史证明，这素质那素质，奋发向上的精神状态就是最好的素质。领导干部的成长，靠的是组织的培养、领导的关怀，但成长的路上离不开奋发努力、积极上进等真正的内因。

1935年10月中央红军长征到达陕北，西安事变后中共中央迁至延安。当时延安一带不仅人烟稀少，贫瘠荒凉，而且敌军压境，形势严峻，可以说生存条件异常艰难。但是，共产党人心中有理想，行动有目标，经过艰苦卓绝的斗争，终于克服了物质匮乏给红军带来的严重困难，战胜了强大敌人的围攻，巩固了革命根据地。抗战初期情况虽略有好转，但时隔不久，国民党消极抗战，积极反共，派胡宗南率数十万大军封锁延安；日本侵略者也与国民党遥相呼应，对抗日根据地实行"囚笼"战术和野蛮的"三光"政策，使延安军民又陷入了极端艰难困苦的境地。面对这种险恶的形势，毛泽东号召全党"自力更生、艰苦奋斗"，"自己动手、丰衣足食"。毛泽东、朱德、周恩来、任弼时等中央领导人带头节衣缩食；开源节流，纺线织布，开荒种菜。八路军第三五九旅广大官兵响应党中央号召，开进南泥湾，经过艰苦劳作，终于改善了条件，战胜了困难，赢得了抗日战争的伟大胜利。

习近平同志在宁德工作期间提出"弱鸟先飞"的思想，也是培养群众敢于拼搏的鲜活案例。2017年6月23日，习近平总书记在深度贫困地区脱贫攻坚座谈会上的讲话中提到，自己在福建宁德工作时就讲"弱鸟先飞"，就是说贫困地区、贫困群众首先要有"飞"的意识和"先飞"的行动。没有内在动力，仅靠外部帮扶，帮扶再多，你不愿意"飞"，也不能从根本上解决问题。人穷志不穷，脱贫不能只是"等、靠、要"。幸福不会从天降，美好生活需要靠辛勤的劳动来创造。习近平同志当年给宁德干部群众鼓气加油，指出虽然宁德是经济老九，但不能自暴自弃；闽东基础薄弱，但可以"先飞"；"人一之，我十之"，"天道酬勤"。他概括总结的"弱鸟先飞"精神既富有创新，又非常贴合实际，闽东人民素有的奉献精神、吃苦精神、不甘落后的精神都体现其中了。在这种精神鼓励下，宁德的干部有了信心和决心，鼓舞和带动广大群众投身宁德各项建设中，拉开了闽东摆脱贫困、振翅高飞的新的篇章。

消除贫困、改善民生、实现共同富裕，是社会主义的本质要求。脱贫攻坚和乡村振兴的大方向是要靠内生动力。要在扶志和扶智的基础上，通过各种得力措施，不断激发贫困地区和贫困群众的积极性、主动性、创造性，激发内生动力。对于那些有劳动能力、无脱贫勇气的贫困户，要做好从"要我脱贫"向"我要脱贫"的思想引导，帮助他们克服思想惰性，使他们愿意"飞"，有"飞"的意识和"先飞"的行动。这需要对贫困地区干部群众做好宣传、教育、培训、组织工作，帮助贫困群众提高身体素质、文化素质、就业能力，让他们心热起来、行动起来，激活贫困地区的土地、劳动力、资产、自然资源等要素。总之，党员领导干部要保持永不懈怠的精神状态和一往无前的奋斗姿态，带领广大群众树立顽强拼搏的勇气，创造无愧于时代的业绩。

（三）磨练滴水穿石意志

带领群众成就伟大事业，没有"弱鸟先飞、滴水穿石"的韧性是不行的，必须在工作中磨练吃苦耐劳的意志。习近平总书记曾说："干事创业就要像蒙古马那样，有一种吃苦耐劳、一往无前的精神。"[①]回顾历史，我们不难发现，无论是井冈山精神、延安精神，还是西柏坡精神、沂蒙精神，宝贵的精神里都闪耀着吃苦耐劳的底色。当代改革开放的伟大实践中，特区精神、女排精神和抗疫精神，也展现出吃苦耐劳精神在新时代的风采。新征程上总有难以预料的困难与艰辛，即使不需要喝雪水、吃野菜，过紧衣缩食的苦日子，也还是会遇到新的"雪山""草地""娄山关""腊子口"。作为党员领导干部，要担负好自己的职责，就得带领群众，拿出滴水穿石、积沙成塔的韧劲，把吃苦耐劳的意志贯彻到工作学习之中。

---

① 《美好梦想，奔驰在辽阔草原（守望相助七十载　壮美亮丽内蒙古）——以习近平同志为核心的党中央关心内蒙古发展纪实》，《人民日报》2017年8月7日。

📖 延伸阅读

习近平:《滴水穿石的启示》(一九九〇年三月)一文,摘自习近平著:《摆脱贫困》,福建人民出版社1992年版,第57—59页。

滴水穿石的自然景观,我是在插队落户时便耳闻目睹,叹为观止的。直至现在,其锲而不舍的情景仍每每浮现在眼前,我从中领略了不少生命和运动的哲理。

坚硬如石,柔情似水——可见石之顽固,水之轻飘。但滴水终究可以穿石,水终究赢得了胜利。

喻之于人,是一种前仆后继、勇于牺牲的人格的完美体现。一滴水,既小且弱,对付顽石,肯定粉身碎骨。它在牺牲的瞬间,虽然未能看见自身的价值和成果,但其价值和成果体现在无数水滴前仆后继的粉身碎骨之中,体现在终于穿石的成功之中。在整个历史发展进程,在一个经济落后地区发展进程,都应该不追慕自身的显赫,应寻求一点一滴的进取,甘于成为总体成功的铺垫。当每一个工作者都成为这样的"水滴"、这样的牺牲者时,我们何愁于不能造就某种历史的成功契机?!

喻之于事,则是以柔克刚、以弱制强的辩证法原理的成功显示。我以为"水滴"敢字当头、义无反顾的精神弥足珍贵。我们正在从事的经济建设工作,必然会面临各种错综复杂的局面,是迎难而上,还是畏难而逃,这就看我们有没有一股唯物主义者的勇气了。战战兢兢,如临深渊,如履薄冰,那就什么也别想做,什么也做不成。但仅有勇气还是不够。一滴滴水对准一块石头,目标一致,矢志不移,日复一日,年复一年地滴下去——这才造就出滴水穿石的神奇!我们的经济建设工作又何尝不是如此。就拿经济比较落后的地区来说,她的发展总要受历史条件、自然环境、地理因素等诸方面的制约,没有什么捷径可走,不可能一夜之间就发生巨变，只能是渐进的，由量变到质变的，滴水穿石般的变化。如果我们一说起改革开放，就想马上会四方来助，八面来风，其结果，只能是多了不切实际的幻想，少了艰苦奋斗的精神；如果我们一谈到经济的发展，就想到盖成高楼大厦，开办巨型工厂，为追求戏剧性的效果而淡漠了必要的基础建设意识，那终究会功者难成，时者易失！

所以我们需要的是立足于实际又胸怀长远目标的实干，而不需要不甘寂寞、好高骛远的空想；我们需要的是一步一个脚印的实干精神，而不需要新官上任只烧三把火希图侥幸成功的投机心理；我们需要的是锲而不舍的韧劲，而不需要"三天打鱼，两天晒网"的散漫。

我推崇滴水穿石的景观，实在是推崇一种前仆后继，甘于为总体成功牺牲的完美人格；推崇一种胸有宏图、扎扎实实、持之以恒、至死不渝的精神。

习近平总书记提出"滴水穿石"精神，就是强调对摆脱贫困要有坚忍不拔的进取精神，要有打持久战的思想准备，知难而进，攻坚克难，勇于贡献。这对于今天各级干部在群众工作中弘扬优良作风，具有重要启示意义。"滴水穿石"精神的确立，不仅对于推动当年闽东脱贫致富很重要，而且对闽东的精神文明建设也是一大创举。赤溪村是宁德福鼎市磻溪镇下辖的一个少数民族聚居村，20世纪80年代初，赤溪村群众因产业落后和地理位置偏僻等原因，长期贫困。作为"中国扶贫第一村"，多年来，赤溪村按照《摆脱贫困》一书中的方法指引，立足生态资源，坚持因地制宜，大力发展淡水养殖、茶叶加工、食用菌栽培、大棚种植等农业产业，推动一二三产业融合发展，同时积极发展乡村旅游业，引进文创产业，不断拓宽村民增收渠道。2015年1月29日，习近平总书记对赤溪村取得的成绩作出重要批示，充分肯定30年来，在党的扶贫政策支持下，宁德赤溪畲族村干部群众艰苦奋斗、顽强拼搏、滴水穿石、久久为功，把一个远近闻名的贫困村建成了小康村。2016年2月19日，在人民日报社调研的习近平总书记来到人民网演播室，与赤溪村村民视频连线。他满怀深情地说，我在宁德讲过，滴水穿石、久久为功、弱鸟先飞，你们做到了，你们的实践也印证了我们现在的方针，就是扶贫工作要因地制宜，精准发力。